Para Celi
com carinho

Beijos

Editora Gente

Roberto Shinyashiki

O poder da solução

Editora Gente

Editora
Rosely M. Boschini
Assistente editorial
Rosângela Barbosa
Produção
Tiago Cintra Silva
Direção de arte da capa
Magy Imoberdorf e Elisa Sassi
Foto da capa e orelha
Nicole I. Heiniger
Copidesque
Simone Paulino
Projeto gráfico e diagramação
Marcelo Souza Almeida
Preparação
Elvira Gago
Revisão
Maria Alayde Carvalho
Impressão e acabamento
Prol Gráfica

Dados Internacionais de Catalogação na Publicação (CIP)
(Câmara Brasileira do Livro, SP, Brasil)

Shinyashiki, Roberto

O poder da solução / Roberto Shinyashiki. -- São Paulo : Editora Gente, 2003.

ISBN 85-7312-393-1

1. Solução de problemas (Psicologia) I. Título.

03-2024 CDD-158

Índices para catálogo sistemático:

1. Solução de problemas : Psicologia aplicada 158

Rua Pedro Soares de Almeida, 114. São Paulo, SP
CEP 05029-030. Telefax: (11) 3675-2505
Site: http://www.editoragente.com.br
E-mail: gente@editoragente.com.br

dedicatória

Dedico este livro a:
Dimitrius Markakis,
Renata Di Pierro,
Anderson Cavalcante,
Naldo Davi de Oliveira e
José Luiz Tejon Megido,
amigos de todas as horas.

Sinais de que Deus, junto com sonhos grandes, mandou gigantes para me proteger...

agradecimentos

Quero agradecer...

A todos que leram os manuscritos, fizeram comentários, deram sugestões, mandaram histórias e anedotas.

Às equipes do Instituto Gente e da Editora Gente por todo o suporte que me proporcionam. Por criarem a tranqüilidade necessária para que eu possa me dedicar aos meus projetos.

À minha família por todo o amor que me inspira a ir adiante na realização dos meus sonhos.

A todos os leitores que me motivam carinhosamente com suas mensagens. Vocês alimentam o meu coração e esquentam a minha alma, mesmo nas noites mais frias e solitárias em que estou escrevendo um livro novo.

Que Deus sempre me ilumine para que eu faça por merecer todo o carinho de vocês...

influências fundamentais

Gostaria de prestar uma homenagem a três expoentes do desenvolvimento humano cujas idéias me influenciaram durante a realização deste livro:

Osho, *um mestre maravilhoso que viveu na Índia e, com sua sabedoria, sempre estimulou as pessoas a procurar viver a vida em estado de permanente celebração.*

Viktor Frankl, *médico austríaco que viveu os horrores do Holocausto e, apesar de ter sido torturado em seis campos de concentração, conseguiu, a partir dessa experiência, ajudar as pessoas a descobrir o sentido da vida.*

E **Eric Berne**, *psiquiatra canadense que durante toda a sua carreira procurou ajudar as pessoas a se libertar dos seus medos.*

Todos eles ajudaram a transformar milhares de vidas, inclusive a minha.

sumário

introdução

Este é um livro sobre as estratégias para resolver seus problemas.

Talvez neste momento da sua vida você esteja passando por uma grande dificuldade. Pode estar vivendo problemas familiares, conflitos com os filhos ou desentendimentos com seu companheiro. Quem sabe não conseguiu entrar na faculdade que desejava e esteja se sentindo o último dos seres humanos. Pode ser que o seu problema seja ter de deixar o seu filho pequeno na porta da casa de sua ex-esposa depois de uma separação dolorosa... Ter de enfrentar uma demissão e a perspectiva de procurar novo emprego, ter fechado a sua empresa ou, ainda pior, ter acabado de receber do médico a notícia de que está doente e terá de fazer um tratamento longo e complicado.

Seja qual for o seu problema, por mais difícil que pareça, eu gostaria de lembrá-lo de que você vai resolvê-lo. E, se tiver a sabedoria de enfrentá-lo com determinação e coragem, você sairá dessa dificuldade mais maduro.

Lembre-se: problemas não foram feitos para ser alimentados como bichinhos de estimação! Problemas devem ser resolvidos e utilizados como alimento de nosso crescimento interior.

Você foi criado por Deus para ser feliz. A felicidade deve ser seu modo de vida, e não uma miragem em sua vida. Pode ser que você passe por períodos difíceis nos quais tudo parece muito complicado, mas tenha sempre em mente que essa dificuldade vai ser passageira.

Vamos conversar sobre problemas, sim. Mas sempre com poesia e fé para que a cruz que você está carregando se torne o mais leve possível. Tão logo essas nuvens se dispersem, você sentirá novamente os raios de sol aquecendo seu coração.

Por maior que seja o seu desespero neste momento, é importante não se deixar vencer pelo desânimo! Compreendo que essa dor aperte o seu coração. Entendo que o choque provocado por certos acontecimentos pode deixar um vazio imenso na sua alma, como se lhe tivessem tirado o chão. Mas, independentemente do grau de seu sofrimento, é importante que você erga a cabeça, analise a situação, crie um plano para resolver o problema e... mãos à obra. Você, e mais ninguém, vai ter de encontrar a força necessária para superar essa situação.

E, acredite, daqui a algum tempo você vai olhar para trás e sorrir com tranqüilidade ao lembrar como cresceu com essa dificuldade.

Talvez alguém lhe diga que existem pessoas com problemas muito maiores que o seu, e provavelmente isso é verdade, mas saber que há pessoas com problemas maiores que o seu não resolve seu problema. Lembre-se de que cada um tem de resolver o seu problema, independentemente do tamanho, porque somente quem supera seus desafios se torna verdadeiramente dono do seu destino.

Um dos exemplos mais lindos de superação de problemas que eu conheço é o do médico Viktor Frankl, prisioneiro no campo de concentração de Auschwitz. No meio de toda aquela barbárie, ele se propôs alcançar três objetivos: sobreviver, ajudar o maior número de pessoas que pudesse e aprender alguma coisa com aquela experiência. E ele não apenas sobreviveu como se tornou um sábio e ajudou muitas pessoas durante toda a sua vida.

Se hoje você se vê obrigado a enfrentar o problema de ter um filho que usa drogas, talvez no futuro possa comemorar com ele a superação dessa fase e ainda ter a capacidade de ajudar outros pais que passam por essa dolorosa situação.

Os problemas são dádivas da vida para nos proporcionar crescimento pessoal. Ninguém cresce sem problemas. Quando uma pessoa fratura um osso da perna e engessa o lugar, os músculos da região protegida dentro do gesso ficam fracos. Se não são exigidos, os músculos perdem sua força. Tenha a coragem de enfrentar os problemas, e você vai perceber que depois dessa batalha sua alma estará mais forte.

Pode ser que você esteja lendo este livro de madrugada, esperando pelos credores que virão cobrar suas dívidas quando o novo dia chegar.

Certamente seu coração estará apertado, o corpo tenso e dolorido, a respiração difícil. O sono é um sonho distante, e o medo, um companheiro constante. Mesmo assim gostaria de pedir que você relaxe um pouco e pense que, por pior que seja a situação que está vivendo, vai haver uma solução. Por mais escura que a noite pareça ser, mantenha a fé em seu coração e lembre-se de que o amanhã sempre traz consigo novas possibilidades e esperanças!

Apesar de a música dizer que "tristeza não tem fim, felicidade sim", tenho certeza de que, se você decidir, a felicidade não terá fim, porque as tristezas serão simples nuvens no caminho das estrelas. Se tiver de repetir isso milhares de vezes, vou fazê-lo:

você nasceu para ser feliz.

Tudo o que é bom dura o tempo de se tornar inesquecível. A vida tem de ser uma viagem cheia de cores, sabores e sons para ter os tons de quem está desfrutando esse presente divino.

Eu, no meu canto, vou estar, como sempre, torcendo por você.

por favor, aprenda a lição!

Capítulo 1

Problemas, doenças e inimigos são grandes mestres quando sabemos escutar suas orientações.

Muitas pessoas, quando estão diante de dificuldades, mergulham em uma depressão e se sentem eternas vítimas. Sentem-se injustiçadas por tudo e por todos. Ficam revoltadas por estar passando por dificuldades e perdem a oportunidade de aprender com esse desafio e crescer.

A única maneira de aproveitar uma dificuldade para crescer é analisar os avisos que esses problemas estão nos enviando e usá-los para fazer uma reformulação completa em nossa vida.

Alguém me contou uma história que pode ajudar a pessoa que está se sentindo desvalorizada em sua empresa a analisar as causas de seus problemas.

Jorge, executivo de uma grande empresa, é um trabalhador sério, honesto e dedicado, com quase vinte anos de casa. Um belo dia, ele vai ao presidente da empresa e faz uma reclamação: "Tenho trabalhado durante todo esse tempo com muita dedicação, mas agora me sinto injustiçado. Pedro, que está conosco há somente três anos, já está ganhando mais do que eu".

O patrão finge não ter ouvido e, cumprimentando-o, diz: "Foi bom você ter vindo. Tenho um problema para resolver e você pode me ajudar. Estou querendo dar ao nosso pessoal uma sobremesa após o almoço de hoje. Na esquina há uma barraca de frutas. Vá até lá e veja se tem abacaxi".

Jorge, sem entender nada, sai da sala e vai cumprir a tarefa. Em cinco minutos está de volta.

"Como é?", pergunta o patrão.

"Verifiquei, como o senhor mandou, e a barraca tem abacaxi", diz Jorge.

"E quanto custa cada um?"

"Isso eu não perguntei, não!"

"Eles têm quantidade suficiente para atender a todos os empregados?"

"Não sei..."

"Muito bem, Jorge, sente-se naquela cadeira e aguarde um pouco", diz o patrão, pegando o telefone e chamando Pedro a sua sala.

Quando ele entra, o patrão vai logo pedindo: "Pedro, estou querendo dar ao nosso pessoal uma sobremesa após o almoço de hoje. Na esquina há uma barraca de frutas. Vá até lá e verifique se tem abacaxi."

Em oito minutos ele já está de volta.

"E então, Pedro?", pergunta o patrão.

"Tem abacaxi, sim. A quantidade é suficiente para todo o pessoal e, se o senhor quiser, eles têm também laranja e banana."

"E o preço?"

"Bom, eles estão vendendo o abacaxi a R$ 1,00 o quilo, a banana a R$ 1,00 a dúzia e a laranja a R$ 20,00 o cento, já descascada. Mas, como eu disse que a quantidade era grande, eles me deram um desconto de 20%. Deixei reservado o abacaxi caso o senhor resolva comprá-lo."

Agradecendo as informações, o patrão dispensa Pedro e volta-se para Jorge, sentado a seu lado: "Acho que você perguntou alguma coisa quando entrou em minha sala. O que era mesmo?"

"Nada sério, não, patrão..."

Jorge, que imaginava que o seu problema era o fato de a empresa não lhe dar o devido valor, pode ter, após esse episódio, uma pista de que o seu verdadeiro problema era ter se acomodado em sua posição. O sucesso do início da carreira e os elogios a seu trabalho criaram nele a ilusão de que poderia dormir sobre os louros da vitória.

Agora ele terá a oportunidade de repensar sua atitude diante dos desafios. Isso não significa obrigatoriamente que vai aproveitar a lição para mudar. Na verdade, ele pode tomar dois caminhos: mudar sua forma de atuação ou ignorar os sinais de sua acomodação, brigar com o chefe ou com Pedro e acordar apenas quando o chefe vier a demiti-lo depois de tantos anos na empresa.

Por favor, se você está vivendo um problema, não olhe para fora de si mesmo procurando a causa. Não tente se iludir de que o outro é a fonte dos seus problemas. Perceba que esse problema está procurando lhe dar uma lição. Aproveite esse aviso para crescer!

Boa parte das pessoas cujas empresas quebraram num passado recente simplesmente afirma: "Quebrei por causa do Plano Collor". Mas será que essa foi realmente a causa da falência? Por que a maioria das empresas não quebrou?

Claro que as bobagens daquela equipe econômica foram catastróficas, mas certamente elas não originaram todos os dramas. Essa é uma boa justificativa, mas não é a verdadeira causa dos problemas das pessoas que usam essa desculpa.

Elas vão dizer que depois do Plano Collor não conseguiram se recuperar, mas na maioria das vezes a situação dessas pessoas já era crítica antes dele e, além disso, após as dificuldades daquela época, tiveram outras chances que não souberam aproveitar.

Para elas, a maior perda não foi a empresa, e sim a oportunidade de repensar se suas competências evoluíram com as mudanças do mundo dos negócios.

Um problema sempre guarda uma lição, e aprender essa lição compensa todos os sofrimentos que as dificuldades podem nos trazer! Crescer com essa lição é a única forma de tirar partido do sofrimento que um problema nos causou.

Quando aprendemos uma lição, todo o sofrimento serviu para algo maior. Quem não aprende a lição dessa dificuldade, porém, perde a maior riqueza que um problema nos traz, que é a oportunidade de crescer. Quando não evoluímos, os problemas só nos criam mais amargura no coração.

Mas existe algo ainda pior: quando não cuidamos das causas, os mesmos problemas sempre voltam. De outra forma, provavelmente, mas provocando a mesma angústia que enfrentamos anteriormente. Quando a pessoa consciente repete uma situação do passado, percebe que vai fazer a mesma viagem, mas em um ônibus diferente. Trocou de marido, mas é simplesmente mais um alcoólatra na sua vida.

O problema é como um professor muito crítico, que cobra o melhor desempenho do seu aluno. A diferença é que, se você não aprender a lição com o primeiro professor, logo virá um substituto mais bravo e agressivo. Essa talvez seja uma das grandes lições da vida: quando não enfrentamos um problema nem o resolvemos direito, certamente iremos reencontrá-lo muito maior mais adiante.

Na Índia os mestres sempre dizem: os problemas são despertadores que tentam acordar as pessoas para a vida. Aproveite para acordar logo, antes que o próximo despertador faça mais barulho.

Pense nisso: o que essa dificuldade está querendo mostrar a você?

Problemas são avisos que a vida nos envia para corrigir algo que não estamos fazendo bem. Problemas e doenças são sinais de emergência para que possamos transformar nossas vidas. Aliás, problemas e doenças guardam muita semelhança entre si. Infelizmente, a maioria das pessoas, quando fica doente, cai num lamentável estado de prostração ou simplesmente toma remédio para tratar os sintomas em vez de fazer uma pausa para refletir sobre os avisos que essa doença está enviando. São poucos os que se perguntam: "Por que meu organismo ficou enfraquecido e permitiu que a doença o atacasse?"

Um grupo de cientistas do mundo inteiro está se fazendo uma pergunta muito interessante: por que determinadas pessoas não contraíram o vírus da Aids apesar de ter tido contato com portadores? Observe bem: eles sempre analisaram por que as pessoas que têm contato com portadores do vírus da Aids contraíram a doença, mas agora querem saber que tipo de defesa faz com que o indivíduo não contraia o vírus.

Muitas vezes uma pessoa diz com a maior certeza: "Fiquei gripada porque tive contato com uma pessoa gripada". Mas será que ela é capaz de responder por que tantas outras que tiveram contato com aquela pessoa gripada não pegaram a doença?

Uma doença é sempre um aviso, embora muita gente não preste atenção nele. Assim como os problemas, os sintomas vão piorando na tentativa de fazer com que você entenda o recado. No começo pode ser uma leve dor de cabeça – um recado para que você pare e analise o que está faltando em sua vida. Mas você não tem tempo, toma um analgésico e nem percebe direito que a dor está aumentando.

Então a dor piora, mas você vai à acupuntura para aliviá-la e não presta atenção quando o médico diz que o tratamento é paliativo e que você precisa mudar seu estilo de vida para eliminar as causas da doença.

A dor de cabeça começa a vir acompanhada de má digestão, e você passa a tomar remédios para melhorar a digestão. Aí vira uma gastrite, e o remédio tem de ser mais forte. Mesmo assim, você não se dá tempo para refletir sobre as causas de todos esses sintomas. Não percebe que o seu estilo de vida de querer conquistar tudo sem valorizar seus sentimentos está destruindo a sua saúde.

Os sintomas seguem piorando, até que um dia vem o famoso infarto. E tem gente que não pára nem no primeiro nem no segundo infarto, até o dia em que seus filhos vão ao seu enterro.

As doenças são recados que precisamos levar a sério, principalmente as doenças que se repetem. Dores de cabeça, alergias de pele, má digestão, todos esses distúrbios querem nos mostrar algo. Saber procurar e achar as causas deles é uma atitude muito sábia.

Na próxima vez que você tiver uma dor de cabeça, antes de perguntar onde está o analgésico procure se questionar: "O que essa dor de cabeça está querendo me dizer?"

E, por favor, escute a mensagem!

Nossos inimigos, da mesma forma que os problemas e as doenças, são gritos de alerta para cuidarmos de algo que não está certo em nossa vida. Quando os ouvimos com atenção, nossos inimigos podem se transformar em maravilhosas alavancas de crescimento pessoal.

É claro que é muito melhor ter amigos que inimigos. Mas às vezes os inimigos ajudam mais o nosso crescimento pessoal. Para as pessoas interessadas em se desenvolver, os inimigos são muito mais estimulantes que os amigos, pois eles não lhes dão descanso, estão sempre procurando seus pontos fracos, fazem com que fiquem atentas a suas falhas e procurem novas formas de dar saltos qualitativos em sua vida.

Um inimigo, um concorrente, um crítico, um rival podem ser bênçãos divinas para quem quer crescer. Eles nos mantêm acordados. Certa vez, ao receber um prêmio, a atriz Whoopy Goldberg disse: "Quero agradecer aos meus inimigos por me dar energia para acordar mais cedo. Eles me obrigam a evoluir". Já pensou o que seria do Popeye se não fosse o Brutus? Do Batman sem o Coringa? Do Corinthians se não fosse o Palmeiras? Do Flamengo sem o Vasco?

Eu me lembro de um acontecimento muito especial na minha vida: alguns anos atrás, tanto o Grêmio quanto o Internacional de Porto Alegre corriam o risco de rebaixamento no Campeonato brasileiro. E o time do Grêmio me contratou para trabalhar com sua equipe. Depois de dois jogos, ele saiu da zona de risco e terminamos o trabalho. Alguns dias depois, porém, recebi um telefonema do presidente do Grêmio liberando-me para trabalhar com o time do Internacional, que iria para a última rodada precisando da vitória para não ser rebaixado. Com muita sabedoria, ele disse: "Roberto, pode ajudá-lo a vencer esse jogo, pois não o queremos na Segunda Divisão. Ganhar um campeonato sem o Inter não é a mesma coisa". Ele sabia das coisas. Um grande adversário mantém sua concentração plena.

Alguns críticos dos meus livros são verdadeiros exemplos de dedicação ao meu trabalho. Eles têm a paciência de ler e criticar cada livro meu. Às vezes acho que são muito duros em suas críticas. Outras vezes me parecem injustos. Mas na verdade eles me valorizam muito. Têm um cuidado muito especial comigo. Poucos amigos leram do início ao fim todos os meus livros, mas há alguns críticos que os leram.

Só posso ser grato a esses profissionais por me tratar como uma pessoa importante. Eu sempre penso: "Esse próximo livro eles não vão ler". Mas algumas semanas depois do lançamento eles escrevem seus comentários críticos. Parece que seu recado é: "Por favor, Roberto, escreva melhor, pois sempre vou ter de ler os seus livros". E eu só tenho de agradecer a eles por tanta dedicação e por me estimular a me superar a cada novo livro.

Se você tem um inimigo, em vez de se sentir injustiçado e perseguido, agradeça a Deus por enviar alguém tão determinado a lhe mostrar para onde crescer todos os dias da sua vida. Analise suas críticas, procure meios de melhorar os pontos fracos apontados por ele, desenvolva seus pontos fortes, prepare-se para enfrentá-lo com alegria e, em lugar de ter ódio, seja grato a ele por lhe dar sugestões para melhorar a sua vida.

Ainda tem dúvidas sobre isso? Pare por alguns instantes e lembre-se de pessoas que você sempre viu como inimigas. Agora analise quanto você cresceu depois das críticas que recebeu delas. Foram mesmo seus inimigos? Ou amigos vestidos de críticos?

Assim como as doenças e os inimigos, os problemas nos enviam avisos que precisamos aprender a decodificar.

"Mas, Roberto, avisos de quê?"

Se você tem um problema que está se repetindo em sua vida, é chegada a hora de fazer uma análise do seu significado para poder superá-lo. E tenha muito claro que, no momento em que supera um problema que o acompanha por algum tempo, uma nova pessoa nasce dentro de você.

Agora vamos analisar os recados mais freqüentes que os problemas nos enviam. Preste atenção neles e aprenda a lição.

Você não se preparou de maneira adequada para seu projeto

Você decidiu fazer vestibular para Medicina. Preocupou-se bastante, mas estudou pouco e não passou. Isso não foi azar. O fato de não entrar na faculdade foi simplesmente um sinal de que ter um sonho não basta, é preciso se preparar adequadamente para conseguir realizá-lo.

Você estava com dificuldades financeiras. Olhou para o lado e viu a sua tia do interior comemorando a lucratividade da pizzaria dela. Pronto: decidiu montar uma pizzaria de um dia para o outro. Na ânsia de achar uma saída para os problemas que estava enfrentando, você tomou essa decisão precipitada e agora, além das dívidas que tinha quando começou, tem as novas dívidas do restaurante que abriu sem se ter preparado para administrar. Mais uma vez iniciou um projeto sem a preparação adequada.

Você resolveu se casar no mês que vem. Simplesmente, depois de uma briga, na euforia da reconciliação, os dois perceberam como eram apaixonados um pelo outro e decidiram comunicar às famílias e aos amigos que se casariam em breve. Depois da festa e da lua-de-mel, surge a constatação de que é preciso muito mais que paixão para que um casamento dê certo. Em meio à angústia, você percebe que o casamento foi mais um projeto em que você se envolveu sem estar preparado. O resultado: muita frustração, e os dois saem machucados.

Talento, vocação, amor e desejo não são suficientes para fazer um projeto dar certo. É preciso uma preparação adequada.

Do contrário, em lugar de realizar um sonho e alcançar uma meta, você arrumará um ou muitos problemas.

Quanto maior é o seu sonho, maior tem de ser a sua preparação. Se você quiser ir à casa de um irmão que mora no mesmo bairro não precisará fazer grandes planos para a visita, mas se a Lua for o seu destino terá de se preparar minuciosamente para chegar lá.

A impulsividade é o passaporte do fracasso. Na próxima vez, prepare-se melhor, aproveite a lição da derrota. Não estou dizendo para desistir dos seus sonhos, e sim para você ter a disciplina e o cuidado de planejar a fim de criar a base ideal para que o seu sonho não se transforme em pesadelo.

Você não tem um caminho definido

Conheço muitas pessoas que, cada vez que as encontro, estão com um projeto novo. Uma hora é uma consultoria. No mês seguinte é uma franquia. Depois de algum tempo dizem que vão trabalhar na empresa dos pais. No ano seguinte decidem fazer um curso para virar massagistas de *shiatsu*.

São histórias como a daquela sua amiga que diz que não agüenta mais morar com os pais e está decidida a morar sozinha, mas, um mês depois, diz que está apaixonada, que encontrou o homem da vida dela e vão se casar dali a um mês. E, para seu espanto, dois meses depois, ela terminou com o príncipe encantado e quer morar em outro país.

Pessoas assim a toda hora estão com uma idéia nova, completamente diferente da anterior. **Apaixonam-se pela nova idéia, mas não se apaixonam pelo trabalho.** Envolvem outras pessoas nos seus projetos, mas no fim das contas desistem com a mesma impulsividade com que se lançaram àquela idéia. São os chamados fogos de palha. Produzem uma chama inicial que enche os olhos, mas rapidamente se transforma apenas em cinzas.

É muito complicado levar essas pessoas a sério, pois elas dão a impressão de não saber o que querem da vida. Essa atitude de atirar para todos os lados demonstra que elas não sabem que caminho querem seguir realmente. E, na ânsia de encontrar uma saída, arrumam mais problemas para si mesmas e para os outros.

Alguém já disse que quando não se sabe para onde ir nenhum caminho vai servir. Antes de tomar uma decisão, é preciso saber se o caminho que você escolheu está de acordo com o que diz seu coração.

Observe com atenção o que acontece com as pessoas que se casam sem ter certeza dessa opção. Geralmente elas se separam em menos de um ano. Aceitaram casar-se porque a outra pessoa era legal, porque já estavam namorando havia muitos anos, porque não tinham outra pessoa que amassem de verdade, ou seja, havia muitas explicações, mas nenhum indício de que tomaram esse rumo porque assim ditava seu coração.

Os resultados são previsíveis. Vêm as primeiras brigas, que logo vão minando o afeto. Sem o afeto, a vida sexual desmorona, e o casal começa a achar que a falta de prazer é o problema central. Alguns apelam para a terapia de casal, na tentativa desesperada de salvar o que sobrou, mas chega a hora em que a separação se torna inevitável.

Pessoas que não sabem que caminho desejam seguir de verdade se lançam em novos projetos sem pensar e acabam perdendo a credibilidade. Ninguém as leva a sério. Os amigos e possíveis parceiros de negócios não as escutam mais com carinho e respeito. E o que é pior: elas mesmas já não se levam a sério! Esse talvez seja o pior de todos os males que alguém que não concretiza os projetos que inicia tem de enfrentar: deixar de confiar em si mesmo, pois uma série de derrotas acaba abalando a auto-estima.

Há tantas pessoas que me contam estar em dúvida entre ser massagistas ou montar uma loja de roupas. Meu Deus do céu, as opções são tão diferentes que é difícil acreditar que uma das duas possa dar certo! Então, antes de se envolver em um novo projeto, é preciso olhar dentro de si mesmo e ver se esse é realmente o caminho que o seu coração indica.

Se é esse o seu caso, chegou o momento de parar para saber o que você quer da vida. Seja sincero consigo mesmo e humilde para, se for o caso, procurar uma terapia ou um orientador de carreira a fim de que a próxima decisão seja realmente para valer. Fogo de palha não cria calor consistente.

Você acredita em vitória sem luta

Ótimo! Você fez um MBA em Harvard, contratou a melhor consultoria para fazer o seu plano de negócios, escolheu um ótimo ponto para a sua loja, tem os melhores produtos do mercado. E pensa que o sucesso é inevitável. Você acha que as coisas vão acontecer sem que tenha de se dedicar dezesseis horas por dia, sete dias por semana, no começo do negócio.

Pura ilusão! **Alguém vai ter de dar o sangue para o projeto decolar.** Um novo projeto é como um foguete. Para que ele entre em órbita, no começo é necessário utilizar a potência máxima a fim de atingir a maior velocidade possível, para que depois ele possa avançar de forma mais constante e segura.

Quer mais um exemplo? Sua esposa está com dificuldade de atingir o orgasmo. Vocês conversam sobre o assunto e ela decide fazer terapia. Parece que tudo se resolverá num passe de mágica. Triste ilusão. Depois de algum tempo, ela diz que se apaixonou por outro homem, que a terapia a ajudou a perceber que você não era realmente o homem da vida dela.

Problemas sexuais são sempre problemas do casal e têm de ser resolvidos com a participação dos dois, com a luta e a dedicação dos dois.

Quantos projetos maravilhosos fracassaram porque as pessoas não foram para a frente de batalha! São administradores que trabalham com base em relatórios e não vão ver o que está acontecendo com seus clientes, quais são suas necessidades, suas expectativas, seus anseios. Um belo dia, esses administradores fazem a dramática constatação de que a falência está próxima. E, a essa altura dos acontecimentos, não há muito mais o que fazer.

Outro exemplo. Seu filho está com problemas escolares. Você conversa com a orientadora educacional da escola, contrata a melhor psicopedagoga da cidade e relaxa, pensando que tudo está resolvido.

Uma vez por mês, você pergunta: "Filho, como estão os estudos?" E ele responde: "Tudo bem. Tudo sob controle". E os dois mudam de assunto rapidamente. Quando vem a reprovação, a tendência é que você jogue a culpa no filho, que lhe "escondeu o que estava acontecendo", ou brigue com a professora da escola que "perseguiu" o seu filho.

Nada disso vai adiantar. Esse era um assunto que você deveria ter acompanhado de perto, indo todo mês conversar com a orientadora educacional da escola, seguindo o trabalho da psicopedagoga, olhando os cadernos do seu garoto, conversando com ele sobre as matérias. Dá trabalho? Requer tempo? Não existe outra forma de ser feito. Não tenha a ilusão de que as coisas vão se resolver sem o seu comprometimento!

Um problema pode ser um aviso de que chegou a hora

de você se comprometer com seus objetivos, de verdade, com dedicação e doses maciças de ação. Como disse Mark Spitz, o atleta que mais ganhou medalhas em uma única olimpíada: "Todo mundo quer ganhar medalha, mas poucos querem treinar o suficiente para realizar suas metas".

Você acredita que as vitórias dependem somente da luta

Ah, os problemas também podem indicar exatamente o contrário do que acabamos de dizer: garra e dedicação são fundamentais, mas não são suficientes.

Eu costumo trabalhar com equipes esportivas. Algumas vezes sou contratado por times de futebol que estão lutando contra o rebaixamento. Quando chego ao clube, procuro fazer um diagnóstico da situação e muitas vezes descubro que uma das principais causas do problema é o técnico, que quer resolver tudo na garra.

Ele não estuda o adversário, não cria opções para o seu time, não tem um plano tático nem uma estratégia de jogo, não treina jogadas ensaiadas e nas suas preleções sempre repete o discurso da "importância do jogo, do amor à camisa e da necessidade da união do time". O mesmo que os atletas ouvem ano após ano dos técnicos, dos dirigentes e da torcida.

É preciso muito mais do que garra e amor à camisa para ser campeão! Os atletas sabem que é necessário definir uma estratégia, conhecer bem o adversário e treinar fundamentos.

Muita gente no esporte diz que os atletas não prestam atenção nas preleções dos técnicos. Isso é bobagem. Eles não prestam atenção em técnicos que fazem sempre o mesmo discurso. Quando o discurso do técnico tem conteúdo, eles prestam muita atenção nele. É por isso que o pessoal da seleção de vôlei agüenta as duras do Bernardinho, pois sabe que ele é um estudioso e tem um projeto para levar o time a vencer o campeonato.

É como os gerentes comerciais que fazem discursos vazios para suas equipes de vendas enfatizando a importância da garra e da determinação e cobrando resultados. Os vendedores sabem que é preciso muito mais do que garra para atingir as metas, encantar um cliente e fechar uma boa venda.

Estamos na era da informação, e quem tem o conhecimento leva uma vantagem imensa sobre os concorrentes! Às vezes é algo muito simples, mas que muda totalmente o panorama de uma batalha. Já era assim no passado. Muito tempo atrás, um desses homens visionários começou a pensar em como morria a maioria dos soldados. E encontrou a seguinte resposta: eram mortos pelas flechas ou pelas espadas dos inimigos. Então ele se perguntou: "O que poderíamos fazer para diminuir nossas baixas?" A resposta foi: "Dar-lhes algo que proteja seus corpos".

Tempos depois, inventou-se o escudo, que, inicialmente, era apenas um pedaço de madeira com um suporte para a mão. Simples, não é? Mas esse pedaço de madeira salvou a vida de muitos soldados e certamente foi fundamental para definir o vencedor de muitas batalhas.

Os seus problemas podem estar sinalizando que é hora de estudar ou de procurar alguém que conheça esse negócio melhor do que você, para que os resultados sejam compatíveis com seu sacrifício. Sacrifício, luta e garra, sem conhecimento, freqüentemente levam a derrotas dolorosas.

Os astecas tinham uma tradição de bravura: antes de uma batalha, seu guerreiro mais valente subia em um despenhadeiro e se sacrificava para conseguir a proteção dos deuses. Quando os espanhóis invadiram o México, tinham a tecnologia das armas de fogo e uma estratégia de batalha. Com esses conhecimentos, pouco mais de cem homens venceram uma luta contra milhares de guerreiros.

Os astecas, em vez de mudar sua estratégia, pensaram que haviam sido derrotados por não ter sacrificado o melhor guerreiro. Então sacrificaram outro guerreiro, e mais outro, e mais outro. No fim, seus melhores guerreiros morreram no sacrifício da montanha, e não no combate ao inimigo. Analisar o adversário e criar uma estratégia baseada na inteligência, e não na força, provavelmente teria dado resultado melhor.

A garra é fundamental, mas não é suficiente. É preciso ter também conhecimento e estratégia. Talvez os seus problemas sejam um aviso de que você esgotou os seus recursos de conhecimento e, portanto, precisa estudar muito antes de iniciar uma nova empreitada. É assim nos negócios e é assim com sua família.

Amar sua esposa profundamente não é garantia de que o casamento dará certo! Às vezes o amor sucumbe diante de problemas sexuais ou financeiros recorrentes e você deve ter uma estratégia para resolver uma questão desse tipo. É preciso conversar francamente, tentar saber em que momento o problema apareceu e que acontecimento interferiu na relação de vocês e, se necessário, buscar ajuda profissional.

Se você tem a nítida sensação de que está num beco sem saída, é porque, provavelmente, não tem o conhecimento necessário para levá-lo à solução.

Você já aprendeu a atravessar paredes?
É fácil atravessar paredes, desde que você saiba onde está a porta!

Muita gente tenta atravessar paredes batendo a cabeça até sangrar, e o pior é que muitas vezes, mesmo depois de feridas, as pessoas continuam batendo a cabeça sem parar.

Se, além de saber onde está a porta, você tiver a chave que abre a fechadura, atravessar paredes será ainda mais fácil. Infelizmente, muitos passam a vida batendo a cabeça na parede sem conseguir realizar seus objetivos. Sacrificam-se muito, mas obtêm resultados que não condizem com todo esse esforço.

Se você está batendo cabeça, é o momento de parar de se sacrificar e começar a procurar as chaves que abrem a porta do sucesso.

Você tem uma visão limitada do problema

O exemplo mais comum de pessoas que enfrentam esse tipo de dificuldade são alguns terapeutas, psicólogos, dentistas, médicos e fisioterapeutas que, apesar de ser ótimos profissionais, não conseguem uma boa clientela.

A maioria deles tem uma formação sólida e conhece bem o trabalho a ser feito, porém seus consultórios estão sempre vazios. Em geral, esses profissionais pensam que, se conhecerem bem a teoria que embasa o seu trabalho, os clientes virão como conseqüência. Eles estudam muito, mas não percebem que o sucesso depende de outros aspectos.

Não percebem, por exemplo, que os clientes são pessoas atarefadas e que a falta de pontualidade do profissional pode desorganizar a vida deles. Não se dão conta de que recepcionistas mal preparadas afastam tanto clientes potenciais como os mais exigentes – é natural que o paciente pense que a psicóloga será tão displicente com as suas angústias quanto a recepcionista é com as suas perguntas.

Esses profissionais, que só enxergam a importância do conhecimento técnico, esquecem que um consultório feio e malcuidado transmite a impressão de que o atendimento do profissional também será malfeito. Não percebem que a concorrência está sempre procurando oferecer algo melhor nem que seus clientes terão outras opções.

Há alguns dias, ao viajar de avião, eu me senti mal com o atendimento dos comissários de vôo. Escrevi uma carta ao presidente da companhia pedindo que melhorasse o atendimento. Entreguei-a para uma das aeromoças, e logo depois a chefe do serviço de bordo se aproximou e perguntou: "Alguém fez alguma coisa para o senhor?"

Agradeci sua preocupação comigo e expliquei: "Esse foi o problema, ninguém fez nada para mim, ninguém foi maleducado, mas também ninguém me olhou quando serviu a comida, ninguém veio quando apertei o botão chamando uma comissária. Onde estava o sorriso, onde estava a atenção, onde estava a simpatia, mesmo que fosse para dizer que não tinha mais o jornal?"

Na verdade, eu não estava simplesmente criticando aquela equipe de vôo, mas ajudando-a a perceber que o sucesso e o fracasso são conseqüências de algo que vai além de me entregar a bandeja de comida.

Em São Paulo há um restaurante japonês cujo cozinheiro faz um dos melhores *sushis* da cidade. Mas eu deixei de freqüentá-lo porque o dono do restaurante estabeleceu que, enquanto o *sushi* é servido, nenhum outro prato pode acompanhá-lo.

Acontece que eu tenho amigos que não gostam de *sushi*, embora apreciem a comida japonesa. É complicado comer lá, pois eu tenho de fazer minha refeição sozinho. Somente depois que terminar de comer é que eles prepararão os outros pratos.

O que o dono do restaurante não percebe é que não basta ter boa comida, é preciso criar um ambiente em que todos os clientes se sintam felizes e satisfeitos, ou seja, é preciso olhar o negócio integralmente. Se você só enxerga parte do seu projeto e do seu problema, seja familiar, seja profissional, seja emocional, talvez seja hora de fazer um vôo panorâmico para enxergar as fissuras e tentar consertá-las.

Como dizem os mestres na Índia, suba até a montanha para ver o que está acontecendo com a sua vida.

O sucesso é uma coleção de detalhes bem cuidados. E o fracasso? O fracasso são exatamente esses mesmos detalhes deixados de lado.

Você está no caminho errado

Muitas vezes, nós tomamos um caminho que não é a melhor rota para nos levar à realização pessoal ou profissional. E, em geral, insistimos nesse caminho mesmo quando percebemos o erro no meio da jornada. Insistimos naquele roteiro com a crença de que um atalho qualquer poderá nos salvar da decepção. Confundimos persistência com teimosia – sem perceber que persistir é estar determinado a batalhar por algo que faz sentido ao coração.

Às vezes os problemas são sinais de que chegou a hora de o guerreiro iniciar nova batalha.

Talvez os problemas intermináveis do seu casamento sejam um aviso de que esse relacionamento chegou ao fim e vocês estejam querendo manter vivo algo que já morreu.

Os dois são pessoas legais, bons pais, mas não se amam mais. Fizeram todos os tipos de tentativa, porém a falta do prazer de estar juntos se tornou uma constante. A vida de cada um seguiu caminhos diferentes, os interesses mudaram totalmente e a cada dois meses vocês voltam a falar em separação. Talvez seja a hora de terminar uma relação que foi linda antes que ela se transforme em uma fonte de mágoas.

Você é diretor de um banco, ganha muito dinheiro, tem motorista particular e todas as regalias do cargo: viaja na primeira classe, fica hospedado em hotéis de luxo e até pode levar sua esposa. Mas tem uma enxaqueca que o persegue todos os dias. As segundas-feiras são terríveis. Você não consegue manter a sua energia sem massagens e acupuntura. Não lhe sobra tempo nem prazer para brincar com os filhos.

Sua vontade é montar um negócio próprio, mas você pensa no salário do fim do mês e continua nessa vida. As coisas estão difíceis, porém você consegue administrá-las, até que um belo dia vem a demissão. Você batalha por um emprego com o mesmo cargo, mas não consegue. Talvez seja uma questão de se preparar melhor para as entrevistas, mas pode ser um aviso de que chegou a hora de montar o próprio negócio e fazer o que você sempre sonhou, sem o salário no fim do mês mas com alegria todos os dias.

Eu tive um momento desses em minha vida. No início da minha carreira, eu era cirurgião. Eu me saía bem, mas a sensação de que minha vida ficava incompleta e o cansaço que eu sentia no fim do dia eram um aviso de que ali não estava a minha felicidade. Era hora de seguir outro caminho...

Logo depois terminei a minha especialização e iniciei meu trabalho como psicoterapeuta. Tenho convicção de que foi uma decisão muito acertada. Eu seria uma pessoa insatisfeita se tivesse continuado a trabalhar com pacientes anestesiados. Gosto mesmo é de trabalhar com pessoas bem acordadas.

O pior de tudo é que quando você está no caminho errado uma vitória se transforma em mais angústia. Você não ama mais o seu marido, e ele ganha da empresa uma viagem para os dois curtirem uma nova lua-de-mel. Você odeia o seu trabalho, e recebe uma promoção. Estar no caminho errado faz com que cada conquista seja acompanhada de muita angústia.

Às vezes os problemas estão avisando que o caminho não é esse...

Será que não está na hora de você fazer uma mudança para valer em sua vida também? Nada de reformar a casa. Você tem é de colocar tudo no chão e começar do alicerce com garra e alegria no coração. Quando o arroz queima, é melhor jogá-lo fora e fazer outro.

Quando você perceber que tomou um caminho errado, é melhor voltar atrás, parar para descobrir seu verdadeiro destino e começar tudo de novo. Sei que às vezes a possibilidade de ter de recomeçar é assustadora! Mas pense que você viverá muitos anos. E viver muito tempo frustrado faz mal à saúde, física e psicológica.

Tenha a coragem de fazer uma revolução em sua vida e vá atrás do que dita a sua alma.

Há pessoas de sucesso que são muito infelizes porque não fazem o que realmente toca a alma delas. Por incrível que pareça, é possível ter sucesso só com a inteligência, mas é impossível ser feliz só com a inteligência. Para ser feliz é preciso saber ouvir a voz que vem do coração.

Você pode até compor uma música que faça sucesso e venda muito, mas se não for a canção que sai do seu coração ela não o realizará como músico. Provavelmente venderá muito, portanto você será um vendedor, não um músico, porque a sua primeira meta ao compor não foi vender discos, e sim expressar uma emoção que existia em sua alma.

Há pessoas que têm casamentos com muito brilho. O casal freqüenta as festas badaladas e viaja todo ano para o exterior, mas é completamente infeliz na intimidade. O olhar deles é vazio e triste porque não se amam, não se querem bem. Trata-se apenas de uma união de interesses. Portanto, é um negócio, não um casamento.

É muito comum encontrar pessoas que ficam juntas para manter um padrão de vida. Elas podem ter uma casa cinematográfica, mas não conhecem alegria dentro dela. A casa é uma prisão. Pode ser uma prisão de luxo, mas é uma prisão. Será que vale a pena passar a vida vivendo uma farsa em troca de conforto e *status*?

Pergunte a um milionário que sofre de uma doença terminal quanto ele pagaria por mais um ano de vida. Tenho certeza de que daria qualquer fortuna, mas de repente ele descobre que o seu dinheiro não compra esse tempo.

Arrisque! Tenha a coragem de ir atrás de um novo destino. Tenha a ousadia de jogar tudo para o alto e a humildade de recomeçar do zero se for preciso. Você pode até perder o *status*, mas ganhará a chance de sonhar de novo, de planejar e sentir o gostinho de cada uma das novas conquistas que terá. E, o mais importante, fará tudo isso mantendo, ou até mesmo resgatando, sua dignidade, o bem mais valioso que existe.

Agora que você tem uma série de elementos para avaliar as causas do seu problema, precisa se conscientizar de um detalhe importantíssimo: **a semente de todo problema nasce em você.** É como uma erva daninha que se alastra pelo seu jardim. Cabe a você chamar para si essa responsabilidade e arrancar o mato à unha se preciso for, liberando seu jardim para que novas flores brotem.

Não brigue com o seu problema! Olhe-o de frente, escute o que ele tem a dizer e aproveite esse aviso para crescer e tornar sua vida melhor!

Talvez essa não seja a única explicação de como todas as coisas acontecem, mas assumir as causas das suas dificuldades é a melhor maneira de você encontrar uma solução consistente.

não coloque gasolina no incêndio!

Capítulo 2

Há pessoas que, quando vêem o circo pegar fogo, em vez de ajudar a apagar o incêndio colocam mais gasolina nele.

Sei que você deve estar sofrendo com o seu problema, mas será que está fazendo o que é necessário para resolvê-lo ou, pelo contrário, suas ações estão fornecendo mais combustível à situação?

Talvez neste momento você esteja se sentindo cansado de carregar a sua vida por causa do peso dos seus problemas. Pode ser que seus problemas tenham se tornado mais pesados do que realmente são porque sua primeira atitude diante deles foi inteiramente inadequada para resolvê-los.

É muito importante analisar se suas ações colaboram para apagar o incêndio ou se, pelo contrário, suas reações complicam ainda mais a situação.

Lembre-se: se você quer que algo aconteça de forma diferente na sua vida, também deve fazer algo diferente.

Infelizmente, a maioria das pessoas não trata seus problemas com a atenção e o cuidado que eles merecem. Transforma sua vida num verdadeiro inferno por não ter coragem de enfrentar os problemas com firmeza ou por insistir em fórmulas desgastadas, que já se mostraram ineficientes no passado.

Vamos conversar agora sobre as atitudes mais negativas que as pessoas têm quando se defrontam com uma dificuldade. Vamos ajudá-lo a ter consciência das conseqüências negativas das suas reações para que você possa desenvolver uma atitude mais positiva diante das dificuldades.

Bem, então vamos ver os jeitos mais comuns de complicar o que já está difícil...

Você nega o problema

Negar o problema é fechar os olhos para uma dificuldade que aumenta enquanto o tempo passa. É viver a ilusão de que se não olhar para o problema ele se resolverá por si só.

Certamente o exemplo mais dramático desse tipo de postura diante de um problema é o da mulher que descobre um nódulo no seio e se ilude com mil justificativas para não ir ao médico. Quando finalmente aceita se cuidar, ela descobre que o tumor já espalhou suas metástases. Lógico que sempre existe a possibilidade de cura, mas o que poderia ser mais simples agora vai dar mais trabalho.

Tentar resolver o problema enfiando a cabeça dentro da terra é a reação de vários tipos de avestruz em diversas esferas de suas vidas. É o caso da criança que vai mal na escola, mas os pais, em lugar de procurar as causas e ajudá-la a resolver a situação, preferem se iludir dizendo que "isso é normal, toda criança passa por uma fase assim" e empurram o problema com a barriga, apostando que uma solução miraculosa aparecerá de um dia para o outro.

Negar um problema é como ignorar uma dívida com o banco. Quem age assim tende a fazer mais dívidas, e o resultado é que o problema aumenta muito com os juros que se acumulam infinitamente.

Esse é o caso típico da empresa com finanças cada vez mais comprometidas, mas cujo dono, em vez de reduzir os custos e procurar aumentar o lucro, acha que a solução é simplesmente fazer novos empréstimos bancários e acaba soterrado em dívidas. No início, as cobranças são suaves, porém à medida que o tempo passa os cobradores ficam mais e mais agressivos – até que chega o momento da falência.

O pior é que em geral essas pessoas negam suas dificuldades financeiras em casa. Fico impressionado com a quantidade de gente que está com sérios problemas financeiros e continua a gastar como se nada estivesse acontecendo. Às vezes eles mesmos estimulam os filhos e a esposa a gastar mais e mais. São pessoas que têm uma dificuldade enorme de se adaptar a um novo padrão de vida por achar isso uma humilhação. Preferem negar até a morte que estão com dificuldades e acabam transformando o que seria uma situação passageira num problema complicado de resolver no futuro.

As pessoas procuram se iludir pensando que sonhar é suficiente para resolver seus problemas. Acham que simplesmente pelo fato de desejar algo conseguirão concretizar esse desejo. Ilusão pura! Querer simplesmente não é poder. O querer só é poder quando acompanhado de comprometimento e ação.

Quantas vezes ouço pessoas dizendo "eu tenho certeza de que isso vai se resolver", mas na verdade, na própria entonação de sua voz, é possível perceber que o que elas estão dizendo de fato é: "Eu queria tanto que isso se resolvesse". Fazer é poder! Quando alguém tem a ilusão de que a situação se resolverá por si só, o problema inevitavelmente se amplia.

Quantos médicos, psicólogos e advogados vivem se iludindo, pensando que, se a crise passar, seus consultórios ficarão lotados. Se eles não fizerem algo para valer, aqueles que ficarão lotados serão os consultórios e escritórios dos seus concorrentes, que buscam alternativas criativas mesmo em épocas de crise.

O seu marido, alcoólatra, não vai parar de beber porque você sonha com isso. Aliás, talvez ele nunca pare de beber. E o mais triste é que você vai desperdiçar sua vida esperando pelo dia em que ele vai abandonar o vício. É importante lutar ao lado dele em busca de sua saúde, mas depois de algum tempo, principalmente se você descobrir que está lutando sozinha, vai chegar à conclusão de que deve dar um basta nesse casamento. É o único ato de sensatez possível.

E o mais incrível de tudo é que, muitas vezes, quem está passando por uma dificuldade qualquer sabe qual é a saída, mas não aceita a dura realidade. Essas pessoas relutam ante o fato de precisar adotar medidas não muito agradáveis e se intimidam ao vislumbrar o trabalho duro que terão para se reerguer, optando por voltar a dormir como a Bela Adormecida, à espera do beijo do príncipe encantado.

Se você está negando algum problema em sua vida, é chegada a hora de assumir a realidade e atacar esse problema de frente, para que sua vida possa voltar a lhe dar os prêmios que você merece. Se não acordar agora, provavelmente continuará a ser castigado por ter se acomodado diante de seus desafios.

Você briga com alguém

Gritos são o melhor combustível de quem quer ver o incêndio aumentar. As brigas são ruins porque, além de criar novos problemas, deixam todo mundo inseguro, chateado e, principalmente, deslocam o foco da ação para as pessoas. Em vez de se centrar no problema, são os donos dos gritos que passam a merecer atenção.

Gritos são somente uma demonstração de pobreza de espírito. Gritos não resolvem nada porque não alteram as causas do problema. Gritar, brigar, demitir alguém e falar sem refletir são atos que proporcionam apenas um alívio temporário para quem está gritando.

É como o pai que grita com a filha adolescente que engravidou. Depois das brigas, há dois problemas para resolver: organizar a vida dessa adolescente para receber seu filho e apagar a mágoa causada pela humilhação e pela gritaria.

Quando o filho vai mal na escola e o pai briga com a criança e briga com a mãe, cria-se um clima péssimo dentro de casa. Além do problema escolar do filho, agora ele terá de administrar as conseqüências dos desentendimentos com a família.

Gritos são sinais de impotência. A mãe que grita com a filha que não passou no vestibular é a pura manifestação da incapacidade de ajudar a filha a superar seu desafio. A esposa que grita com o marido que sempre chega tarde em casa é o retrato da incapacidade de transformar um relacionamento que está desmoronando. Será que ela pensa que o marido vai voltar correndo para casa somente para evitar brigas?

Por mais contraditório que pareça, esse tipo de agressão é típico de pessoas fracas! **Pessoas inseguras querem mandar nos outros para ver se conseguem controlar a própria insegurança.** Só se sentem seguras quando os outros têm medo delas. Respondem às dificuldades impulsivamente porque não têm equilíbrio nem força interior para elaborar uma solução pacificadora.

Há uma história que ilustra bem o que é ter capacidade de estar em paz consigo mesmo. Conta-se que certo dia um grupo de pessoas raivosas se aproximou de Buda e começou a ofendê-lo. A cada impropério que elas diziam, Buda perguntava: "E do que mais vocês não gostam em mim?" Depois da nova ofensa, ele olhava as pessoas com maior interesse e ouvia tudo num silêncio respeitoso, até que após algum tempo disse ao grupo: "Vocês me desculpem, eu preciso sair porque tenho um compromisso.

Mas gostaria de marcar outro encontro com vocês amanhã para que continuem a desabafar".

As pessoas ficaram surpresas e uma delas perguntou: "Buda, o que está acontecendo? Nós o estamos ofendendo há algumas horas, você nos ouve com o maior interesse e ainda pede que voltemos amanhã para continuar com nossas ofensas? Pensamos que você fosse brigar conosco".

Buda então respondeu: "Vocês chegaram dez anos atrasados. Antes eu realmente reagia ao que as pessoas faziam ou diziam. Mas agora consigo agir baseado em minha consciência, e não nas ações dos outros".

Eu sei que você não é Buda para ter tanto autocontrole e tanta presença de espírito! Mas pode procurar ser mais sensato, por mais estressante que a situação seja. Não tenha a ilusão de que machucar alguém diminuirá a sua dor! Não pense que culpar os outros diminuirá sua responsabilidade pelos problemas! Sempre que você tiver vontade de gritar ou de brigar com alguém, lembre-se de que isso lhe trará novos problemas. Talvez a solução seja apenas ouvir tudo com calma e depois tomar uma decisão, emitir uma opinião.

Limpe seu coração e silencie sua mente para encontrar a melhor solução. Não reaja à pressão dos outros. Quando perceber que está quase explodindo, dê-se um tempo para buscar o equilíbrio interior. Assim, certamente fará o melhor para você e para os outros.

À medida que você controlar os seus nervos e aprender a conversar sobre as suas dificuldades sem agredir ninguém, mantendo a presença de espírito, vai perceber que, além de resolver seus problemas com menos sofrimento, sua alma ficará muito mais forte.

Certa vez um velho sábio falava de seus conflitos internos: "Dentro de mim existem dois cachorros, um deles é cruel e mau, o outro é muito bom e amigo. Os dois vivem sempre brigando..." Então um jovem lhe perguntou: "E qual dos cachorros ganha a briga?" O sábio parou, refletiu e respondeu: "Aquele que eu alimentar..."

Alimente com carinho o seu cachorro amigo... Vai ser muito melhor para você e para todas as pessoas queridas...

Você fica com vergonha

Geralmente os problemas são uma queda no meio de uma trajetória de sucessos. Pior do que a queda, porém, é a vergonha de deixar de ser bem-sucedido, que faz com que a pessoa se isole e não peça ajuda àqueles que poderiam auxiliá-la a sair da dificuldade.

O que isso significa?

Você tinha um casamento admirado por todo mundo, e de repente sua companheira decidiu separar-se. Você estava em um emprego sensacional, com muitas mordomias, e, inesperadamente, foi demitido. Você era dono de uma empresa maravilhosa que estava indo muito bem, mas veio uma crise e, quando você se deu conta, não tinha mais crédito nos bancos e a falência se tornou inevitável. Todos admiravam seu sucesso, e agora você está por baixo...

Uma das maiores bobagens que as pessoas podem fazer no meio de acidentes de percurso como esses é ficar com vergonha, ter medo de perder o *status* e se esconder dos entes queridos. Muitas vezes a família e os amigos querem e podem ajudar, mas o isolamento que a pessoa se impõe a impede de encontrar a solução.

Se o seu circo estiver pegando fogo, em vez de lutar sozinho peça ajuda a quem pode colaborar com você nessa situação.

A vergonha é uma das piores reações emocionais que alguém pode ter. É uma praga dos nossos tempos. É uma sombra permanente na vida da maioria das pessoas. É um mal silencioso e traiçoeiro.

Você não imagina quantas pessoas sofrem escondidas atrás de suas vergonhas! É o milionário que se sente pobre. A mulher maravilhosa que se sente feia. O médico sensacional que se sente incompetente. Os milhares de homens que não desfrutam um encontro amoroso porque se sentem inferiores ao imaginar que têm o pênis pequeno.

É a vergonha de estar apaixonado. Vergonha de sentir tesão por alguém. Vergonha de transar com uma pessoa que acabou de conhecer e ser mal interpretada, vista como vulgar. Vergonha de querer ser rico. Vergonha de querer ter sucesso. Aliás, a vergonha de ter um sonho é a pior forma de sabotá-lo. Há mulheres que têm muita vontade de casar, mas ficam com vergonha de contar isso às amigas. Você acha que algum dia elas vão realizar esse sonho, escondendo-o?

Essa sensação de inadequação não significa que a pessoa fez algo errado, é simplesmente a sensação de estar errado em uma situação completamente normal. Se mesmo quando tudo está certo muitas pessoas se sentem envergonhadas, imagine então quando elas têm um problema? Nessas situações, muitas pessoas querem desaparecer quando encontram um conhecido.

A vergonha paralisa. É conseqüência de um autojulgamento em que a pessoa se condena sem se dar a mínima chance de defesa. Uma condenação exagerada e cruel. E a dor de imaginar que os outros também vão condená-la faz com que a pessoa procure esconder o seu problema.

O pior de tudo é que são as pessoas do bem, principalmente, que se sentem envergonhadas quando estão com problemas. Os cafajestes, quando são citados para uma audiência, não perdem um minuto de sono, enquanto as pessoas honestas vendem seus bens por uma ninharia porque não suportam ver um cobrador na sua porta.

Muitas vezes a vergonha impede a pessoa de tomar uma atitude adequada para resolver seu problema. Se você não abrir o coração para as pessoas em que confia, elas não poderão ajudá-lo a procurar a melhor saída para a sua dificuldade.

Quando você abre seu coração, as pessoas percebem quanto você está precisando da ajuda delas.

Você está morrendo de tristeza por sua esposa ter decidido pela separação, mas em vez de abrir o coração e dizer quanto a ama opta por brigar com ela, acusá-la pelo fim do casamento e mandá-la embora de uma vez. Esconder o seu amor por ela e a sua dor pela separação é uma mentira. Você na verdade não quer a separação, quer que ela volte, quer tentar de novo.

Abra seu coração. Deixe o orgulho de lado. "Mas, Roberto, será que ela volta para mim?" Ninguém pode ter certeza disso, mas se você disser a verdade terá pelo menos uma chance de que ela diga sim. Não se isole na sua dor! Livre-se da vergonha e aja com honestidade e transparência! Se ela decidir não voltar, você terá de respeitar essa decisão, mas não passará a vida toda culpando-se por não ter tentado.

Quantas vezes alguém está desempregado e não tem coragem de procurar um amigo para ajudá-lo na sua recolocação profissional? Quantas vezes uma mulher que se separou se sente sem coragem para ir a festas sozinha e deixa de pedir ajuda a uma amiga por vergonha de que a outra a despreze pelo casamento que acabou?

Muitas pessoas dizem que isso é arrogância, mas na verdade é vergonha por não ter o sucesso de outrora. Não adianta dizer que a vergonha é bobagem porque ela está aí dentro de você. Aliás, o primeiro passo para derrotar esse inimigo é assumir que ele existe.

O primeiro sinal de que alguma vergonha está sendo vencida é conseguir falar sobre ela. E, principalmente, abrir o coração de verdade para poder receber a ajuda das pessoas queridas nos momentos delicados de um problema.

Você fica deprimido

Não adianta ficar chorando enquanto o circo pega fogo. Nem que você chore rios de lágrimas elas servirão para apagar o incêndio. Primeiro porque, por mais dolorido que seja o seu choro, a água será pouca e, principalmente, estará em lugar errado.

A depressão é uma tentativa de congelar o tempo na ilusão de que fazendo isso o problema será resolvido. Ao contrário da pessoa que nega o problema, o depressivo não só reconhece sua existência como tende a aumentá-lo. No entanto, em vez de olhar para o futuro, ele fica olhando o passado e se torturando de duas maneiras: culpando-se por algo que deveria ter feito e não fez e remoendo-se de ressentimento de alguém que não agiu como ele gostaria.

Se o filho está usando drogas, o pai depressivo fica se culpando pelos passeios que não fez com o menino e por não ter conversado com ele ou então fica ressentido com a esposa por achar que ela mimou demais o garoto. **Quando entra em depressão, a pessoa alterna períodos em que se culpa intensamente com outros em que joga a responsabilidade por seu problema nas costas de outra pessoa.**

Se você está vivendo um problema grave e mergulhou em depressão, observe esse movimento no jogo de procurar culpados. Hoje cedo você provavelmente se culpou por algo que fez, a causa de todo esse problema. Torturou-se intensamente com todas as acusações possíveis até que, perto da hora do almoço, você sentiu uma necessidade imensa de se livrar do mal-estar e começou a acusar outra pessoa. Normalmente a acusação começa com a frase "ela não poderia ter feito isso comigo", que em seguida muda para: "Como ela foi fazer isso comigo?"

Veja, talvez você tenha errado mesmo nas coisas de que se acusa, e a outra pessoa também pode ter errado em algum ponto. Mas o que não resolve essa dificuldade é ficar se torturando com o que passou. O pai que mergulha na depressão não faz nada de positivo para ajudar o filho a livrar-se das drogas. Pelo contrário, esse estado emocional pode encher o garoto de culpa e ser mais um motivo para que ele se afunde nas drogas.

Na *Bíblia* há uma história muito didática a esse respeito. Quando Deus resolve destruir Sodoma e Gomorra, Ele preserva Ló e sua família. Adverte Ló, porém: "Quando vocês escaparem, não olhem para trás". Mas a esposa de Ló desobedece, olha para trás e se transforma em uma estátua de sal. Ficar olhando para trás nos transforma em estátuas! Seres petrificados e sem ação que não conseguem sair do lugar.

Os nossos problemas acontecem agora, neste instante, hoje. Enfrentá-los imediatamente é a única maneira sadia de resolvê-los. Se você não agir hoje, no fim da noite terá mais um dia para se arrepender, porque hoje é o ontem de amanhã. Se você não agir agora e ficar olhando para o passado, terá mais um motivo para se culpar amanhã. Com certeza as causas dos seus problemas estão no passado, mas a saída para eles indiscutivelmente está no presente, em determinar o futuro que você quer e começar a agir agora.

Portanto, levante a cabeça, olhe para o futuro e tome a iniciativa de agir no presente para que sua vida seja do jeito que você merece.

Agora que você conheceu as maneiras mais comuns de reagir de modo inadequado diante de uma dificuldade, comece a analisar se alguma delas faz parte do seu repertório de conduta. Então mude. Corte as raízes que o unem a um tipo de atitude que não tem mais nada a ver com a pessoa especial que você se tornou e coloque a sua vida em um novo patamar.

Se o circo pegar fogo, analise a situação, peça ajuda a quem pode colaborar, tome a melhor decisão e atue rapidamente. Tenho certeza de que o problema será resolvido sem desperdício de energia e daqui a algum tempo você terá a oportunidade de comemorar a maneira como superou a sua dificuldade.

jeitos complicados de viver

Capítulo 3

Você já percebeu como existem pessoas que parecem estar sempre carregadas de problemas? Como se fossem uma espécie de ímã que atrai complicações de todos os tipos?

Acredito que existem, de fato, estilos de vida difíceis. São jeitos complicados de se posicionar diante do mundo e de se relacionar com a vida, com os outros e com a gente mesmo que geram conflitos desnecessários.

Cada um tem seu jeito de viver: alguns são mais pacíficos, outros encrenqueiros; uns são mais trabalhadores, outros acomodados; alguns são democráticos, outros ditatoriais. E cada estilo de vida tem seus prós e contras.

Ser pacífico, por exemplo, pode ser bom para não criar atritos, mas também pode ser perigoso se a pessoa tiver o tempo todo uma atitude de inércia, do tipo "deixa pra lá", mesmo diante de situações que precisa enfrentar.

Cada jeito de viver funciona melhor ou pior, dependendo da pessoa e da situação. Mas alguns estilos de vida são indiscutivelmente pródigos em criar problemas. Essas posturas são desenvolvidas na infância, quando a criança busca se adaptar às pressões que sofre em seu núcleo familiar.

A criança, com sua forma de pensar ainda não desenvolvida, imagina, por exemplo, que se cuidar do pai alcoólatra ele vai parar de beber e começar a ser o pai de que ela precisa. Anos mais tarde, na adolescência, ela pode chegar à conclusão de que seu pai nunca vai parar de beber. Mas talvez na vida adulta não perceba que, por causa desse conflito, acabou desenvolvendo uma espécie de atração por cuidar dos outros, ou seja: a maneira de se relacionar com o pai transformou-se em seu estilo de vida.

Inconscientemente, o indivíduo com essa personalidade procura pessoas complicadas como o pai para pôr em prática seu treinamento de cuidar de gente problemática. Mesmo quando está perto de pessoas equilibradas, ele insiste em cuidar delas, pois foi só isso que aprendeu a fazer. É mais ou menos como o mecânico que tem apenas um martelo para trabalhar e, não importa o tipo de problema, simplesmente dá uma martelada.

A questão é que essa espécie de vício desenvolvido na infância tem de ser superada, caso contrário a pessoa tende a reproduzir esse comportamento pelo resto da vida, ainda que ele lhe traga contratempos.

O ponto de partida da elaboração deste capítulo foi um artigo de Stephen Karpman intitulado "Triângulo dramático". Nele, o psicólogo norte-americano mostra como as pessoas podem se relacionar de forma negativa de acordo com os papéis sociais desenvolvidos na infância.

Talvez você se identifique um pouco com cada estilo que vou descrever. Não se preocupe! Todos nós temos uma parcela de cada um deles. O mais importante é detectar qual desses estilos predomina em sua personalidade e, então, tomar cuidado para que ele não o leve a arrumar complicações desnecessárias.

Vamos conhecer um pouco cada um desses jeitos de viver e, se você se identificar com algum deles, saberá como impedir que ele transforme sua vida numa eterna confusão.

Mãos à obra e bom trabalho.

O protetor do universo

Agir como se fosse o grande protetor do universo é característico de quem vive para cuidar dos outros. O ponto negativo desse estilo de vida é que os protetores do universo, por se preocupar tanto com os outros, não aprenderam a cuidar de si mesmos nem a curtir a própria vida.

Quando penso nesse jeito de viver, lembro-me de algumas enfermeiras, de certos médicos, padres, psicólogos, dentistas e fisioterapeutas cuja ânsia de cuidar dos outros ultrapassa seu local de trabalho. Os filhos do protetor do universo reclamam que ele quer dar palpite em tudo. A pessoa amada reclama que ele quer controlar sua vida. Seus irmãos se queixam de que ele está sempre dando conselhos. No fundo, ele pensa que, se não ajudar os outros, estes não terão condições de administrar suas vidas.

Mas não são apenas os que lidam com a saúde alheia que tendem a se enquadrar nesse grupo. Os protetores do universo estão por toda parte. Há muitas donas de casa, por exemplo, que não sabem viver sem cuidar de alguém. Sofrem quando os filhos saem de casa para morar sozinhos, pois não aprenderam a fazer outra coisa a não ser cuidar deles.

Analise a origem de suas preocupações atuais. Suas energias estão concentradas em resolver problemas que dizem respeito a você ou em solucionar problemas de seus parentes, amigos, cônjuge, namorado(a)? Você já abandonou um projeto para se dedicar a alguém e depois não obteve a gratidão que esperava? Nos últimos anos, você gastou mais dinheiro com seu próprio lazer ou com o alheio? **Enfim, será que você vem cuidando melhor dos outros que de si mesmo?**

Vamos refletir juntos sobre isso. Para tanto, vou contar uma história.

Algum tempo atrás conheci uma médica muito bem-sucedida, de pouco mais de 40 anos. Vamos chamá-la de Marisa.

Apesar de haver tido alguns relacionamentos afetivos duradouros, Marisa não se casou. Quase todos os seus namorados eram pessoas bem complicadas, que viviam em dificuldades, principalmente profissionais.

Tomando emprestado um termo do mundo esportivo, poderíamos chamá-los de *perdedores*. Eram homens dependentes que ela tratava como filhos, emprestando-lhes dinheiro, pagando suas despesas, pedindo a amigos que arrumassem emprego para eles e colocando-se à disposição deles sempre que precisassem.

Por mais que esses homens aprontassem, Marisa aturava seus deslizes com resignação infinita, mas, por incrível que pareça, a decisão de romper a relação sempre partia dos namorados. A justificativa era de que o relacionamento tinha se transformado num peso e eles se sentiam sufocados por ela.

Com os amigos de Marisa acontecia praticamente a mesma coisa. Ela acordava a qualquer hora da noite para socorrê-los, consolava-os quando estavam deprimidos e vivia se oferecendo para ajudá-los, até mesmo em situações corriqueiras como fazer compras ou preparar uma festa.

Por outro lado, raramente os acompanhava em viagens ou aceitava um convite para jantar, pois estava sempre ocupada em resolver algo para outra pessoa. Em razão disso, os amigos acabavam se esquecendo de convidá-la para festas. Eles a consideravam uma amiga prestativa e leal, mas exageradamente responsável. Para eles, Marisa era uma espécie de "mãezona".

No trabalho, também não era diferente: ela sempre estava disponível para seus pacientes, inclusive à noite e nos fins de semana. O resultado é que a maioria abusava dessa boa vontade, o que contribuía para que Marisa estivesse sempre exausta e indisposta.

Como não teve filhos, ela usava seu dinheiro para mimar os dois irmãos e os sobrinhos. Pagava viagens para todos, mas não ia com eles porque não podia "abandonar o consultório naquele momento". Quando eles tinham alguma dificuldade, acolhia-os em seus braços, como se fossem injustiçados pelo mundo.

A partir dos 45 anos, Marisa tornou-se irritadiça e depressiva. Durante as crises de depressão, brigava com quem ligasse para pedir qualquer coisa. Começou a cobrar de todos a atenção que dera no passado, dizendo frases como: "Eu dediquei minha vida inteira a você, e agora recebo como pagamento sua ingratidão".

Começou a sentir um ciúme doentio dos amigos, e esse comportamento incomodava todo mundo porque ela nunca se mostrara insatisfeita antes. Tal conduta, logicamente, acabou por afastar as pessoas das quais ela tanto gostava.

Mais solitária que antes, Marisa passou a comer compulsivamente, o que a fez engordar muito. Há pouco tempo, teve uma crise depressiva grave e precisou ser internada em uma clínica de repouso. Foi um choque para todos, ninguém imaginava que ela se sentisse sozinha.

Ninguém sabia que, no fundo, era ela quem mais precisava deles, e não o contrário. Perceber que os outros necessitavam de sua atenção e ajuda fazia com que ela se sentisse importante. Quando ela se viu sozinha de verdade, desabou.

Talvez você esteja se perguntando se vive como um protetor do universo, se vive como Marisa. Você mesmo tem a resposta dessa pergunta. Lembre-se da sua infância e verifique se foi parecida com a descrita a seguir, porque em geral o histórico dos protetores do universo é semelhante.

Na maioria das vezes, quando eram crianças, eles não receberam o carinho e a proteção de que precisavam. É comum terem vivido numa família com muitos problemas de relacionamento: desentendimentos entre os pais, mãe sempre doente ou muito insegura, irmão problemático que exigia a atenção de todos, pai alcoólatra. A família não lhes deu carinho, fazendo com que eles negassem sua necessidade de afeto.

Geralmente, foram crianças que não tiveram tempo para brincar porque aprenderam desde cedo a se preocupar com os problemas dos pais. Estes, muitas vezes, fizeram delas confidentes numa fase em que elas não entendiam exatamente o que estava acontecendo, mas aprenderam instintivamente a se preocupar com os outros.

Quando os pais brigavam, eram pressionadas a tomar partido e acabavam se desentendendo com um deles. Por causa disso, começaram a alimentar uma sensação de culpa excessiva e passaram a cuidar dos outros para se livrar desse sentimento.

É também possível que seus pais fossem muito carentes e inseguros, e elas se vissem forçadas a agir como *pais dos próprios pais*. Tornaram-se crianças sérias. Infelizmente, quem não aprendeu a brincar na infância corre o risco de passar o resto da vida preocupado, achando que não gosta de – ou não tem direito a – diversão e prazer, como é o caso de Marisa.

Os protetores do universo só se sentem importantes quando cuidam de alguém. Precisam sentir-se úteis. Quando estão apenas conversando com os amigos, por exemplo, têm a sensação de perda de tempo.

Quando se hospedam num hotel confortável ou compram algo caro para si mesmos, sentem-se culpados. Culpados por possuir algo que outras pessoas não têm. Ficam com remorso quando viajam, pois pensam que seus irmãos não podem ter o mesmo prazer. Ficam infelizes quando vêem seus filhos brincar em um lugar gostoso e se lembram de que seus sobrinhos não têm a mesma oportunidade.

O motor dos protetores do universo é a culpa. Na infância, eles se sentiam culpados porque os pais brigavam ou porque a mãe era depressiva ou, ainda, porque o pai abandonou o lar. Em sua lógica infantil, pensavam que os adultos se comportavam assim por causa deles.

Como essa culpa perdura até a fase adulta, o protetor do universo sente necessidade permanente de expiar erros imaginários, de se penitenciar. Ele quer provar que não é uma criança má, e sim uma criatura digna de ser amada. E a maneira que encontra para demonstrar sua boa índole é cuidar dos outros. Estes, por sua vez, ao ver o protetor sempre tão responsável e prestativo, pensam que ele não precisa de nada. Afinal, quem vai imaginar que um todo-poderoso como esse precisa de ajuda?

Os protetores do universo também vivem sobrecarregados por não conseguir dizer não aos outros. Transformam tudo em compromisso. Vão a festas a que não gostariam de ir para que a tia não fique triste com sua ausência, nunca para encontrar pessoas, descontrair-se, relaxar. Vão para dar uma força, para cuidar de uma pessoa querida.

E quando, raramente, têm vontade de ir a uma festa acabam ficando em casa para cuidar da mãe. Mãe essa que muitas vezes não reconhece o esforço deles para ajudá-la.

Os protetores do universo deixam sua vida em segundo plano para cuidar da vida dos outros. Abandonam a carreira para cuidar dos filhos, largam seus projetos para assumir um pai doente – que continua não reconhecendo seu esforço e os trata como empregados – ou deixam de seguir sua vocação profissional para auxiliar o pai na loja apesar de ele não ser capaz de agradecer e, pelo contrário, sempre criticá-los.

Os protetores do universo não desfrutam a vida e, principalmente, sentem-se mal porque cuidam de todo mundo e ninguém cuida deles.

A carência é uma característica forte desse tipo de pessoa porque em geral ela aprendeu a esconder suas tristezas dedicando-se aos outros, mas dentro do coração sente imensa necessidade de amor. Desde criança foi obrigada a reprimir seus sentimentos e desejos, mas, por trás da máscara da generosidade, esconde uma grande frustração por não receber a reciprocidade que espera.

Além de não satisfazer seu desejo de afeto, natural a qualquer ser humano, essas pessoas acabam arrumando mais problemas, pois se intrometem onde não são chamadas. Encontram conflitos onde não existe nada e agem como se os outros fossem incapazes de administrar sua vida. Elas querem controlar a vida alheia!

Parece paradoxal, mas muitos protetores do universo têm pouco amor no coração. E não o têm porque nunca o receberam. Então, em busca do amor de que tanto necessitam, passam a manipular os outros. Imaginam que, ao se dedicar de corpo e alma a um namorado ou mesmo a um amigo, o amor dessa pessoa por eles estará garantido. Como morrem de medo de ficar sozinhos, acreditam que, se controlarem as pessoas, sempre as terão a seu lado.

Observem que o ato de cuidar não nasce do amor pelo outro, e sim da necessidade de tê-lo sempre por perto, do medo da solidão. A lição que essas pessoas não aprenderam é que a única maneira de não ser solitário é amar a si mesmo.

Para alguns deles, cuidar dos outros é uma reação às dificuldades da própria vida. Sempre que algo não dá certo para ele, o protetor desvia a atenção dos próprios problemas e concentra suas energias no conflito alheio.

As pessoas com esse tipo de comportamento cometem um grande engano! Viver cuidando de todo mundo será uma eterna fonte de problemas. Afinal, as pessoas mais equilibradas nunca devolverão ao protetor do universo os mesmos cuidados que receberam, pois não estão dispostas a se dedicar tanto a alguém. O protetor, porém, não entende isso e fica desapontado. Mas, como não aprendeu a expressar suas necessidades, tende a esconder sua decepção, descontando as frustrações na comida, no trabalho ou no cigarro.

Em geral, depois de um longo período de tristeza e frustração, essas pessoas tornam-se agressivas. Lembra-se do exemplo da nossa médica? Apesar de sempre recusar convites para sair alegando uma agenda lotada, chegou o dia em que ela se sentiu abandonada pelas pessoas que tanto protegeu.

No entanto, mesmo quando sua paciência se esgota, os protetores do universo não se sentem no direito de se queixar abertamente. Reclamam, então, de maneira enrustida usando muito sarcasmo.

Quando encontram o irmão caçula que está desempregado, não perdem a oportunidade de fazer uma brincadeirinha de mau gosto dizendo que ele é um boa-vida. Se vão ao aniversário de uma amiga, depois de dar os parabéns logo emendam uma gracinha, como "está ficando velha, hein?".

Este é o padrão de sentimentos dos protetores do universo: parecem ter muita compaixão pelo próximo, mas desejam que o outro seja grato a eles por isso. Não se contentam com palavras apenas. Querem carinho, atenção, companhia.

Entretanto, é natural que o outro, que resolveu seus problemas, vá cuidar da própria vida e esqueça quem o ajudou. Restam aos protetores do universo duas opções: a primeira é a frustração, que tentam esconder, e a segunda possibilidade é cobrar essa atenção de maneira agressiva.

Se o namorado está com dificuldades financeiras, a protetora lhe empresta dinheiro mesmo que ele não tenha pedido. Depois ficará magoada quando descobrir que ele pegou o dinheiro e foi viajar com amigos. Note que o namorado não pediu dinheiro emprestado; o vício de querer ajudar fez com que ela se prontificasse a emprestar em vez de ensiná-lo a gastar menos e ganhar mais.

Aliás, os problemas financeiros são quase inevitáveis na vida dos protetores do universo. Como se desdobram para cuidar dos outros, para agradá-los a qualquer custo, acabam gastando mais do que podem. Compram presentes, pagam passeios, emprestam dinheiro mesmo que saibam que a pessoa não terá condições de devolver. E, quando se vêem no vermelho, não têm a quem recorrer porque vivem cercados de pessoas dependentes.

O resultado de carregar todo mundo nas costas gera infelicidade, porque ninguém valoriza seus sacrifícios, ou culpa, pois eles se julgam responsáveis pela felicidade alheia. Mas o que os protetores não percebem é que, ao abandonar a própria vida, acabam se transformando em um peso para familiares, amigos e vizinhos. Assumem a responsabilidade pelos pais na esperança de se tornar os preferidos deles e também fazem tudo pelos filhos, mas vivem dando indiretas de que devem, igualmente, cuidar deles no futuro.

O grande choque, para os protetores do universo, é descobrir que os outros não deixarão sua vida para cuidar deles. É se dar conta de como são desprotegidos!

Quando isso acontece, o medo da solidão aumenta de maneira insuportável, podendo até desencadear uma neurose.

O protetor pode passar a ter medo de sair à rua sozinho, como forma de obrigar alguém a estar sempre junto dele, ou fazer chantagem com as pessoas queridas. Cedo ou tarde ele descobre que, com chantagens, pode até conseguir uma companhia temporária, mas nunca conseguirá ser amado do jeito que gostaria.

Ao tentar controlar a vida dos outros, o protetor inibe a iniciativa alheia, por isso vive cercado de pessoas dependentes, que não assumem a responsabilidade por seus compromissos e ainda atribuem seus erros a ele, alegando que o protetor do universo é que não lhes dá chance de crescer.

Se você se identifica, em maior ou menor grau, com esse tipo, o primeiro conselho é: cuide bem de si mesmo! Você também merece ser feliz. É chegada a hora de aprender a se colocar em primeiro plano em sua vida, de descobrir seus verdadeiros desejos, saber o que lhe falta para ser feliz e batalhar por essa felicidade.

Talvez no começo, quando estiver aprendendo a cuidar de si mesmo e a fazer as coisas de que tem vontade, você sinta uma insegurança com a qual não está acostumado. Mas avance, pois essa sensação só vai incomodá-lo durante algum tempo; logo depois você vai adorar ser seu melhor amigo.

No livro *O rio do meio*, a escritora gaúcha Lya Luft conta a história de uma mulher que está aprendendo a viver consigo mesma:

> Tem mais de quarenta anos. Pela primeira vez viaja ao exterior, cheia de incertezas. A vontade mesmo era ficar no conforto dos objetos familiares, a vida previsível.
>
> [...] Uma tarde vê-se obrigada a atravessar a cidade sem companhia: [...] segura a bolsa como se fosse a bússola de sua segurança.

> Então começa a perceber o sol pálido nos telhados, o céu sedoso, o ar diferente, e é tomada de euforia [...] É uma alegria inquietante para ela, que nunca imaginou estar feliz longe da família. Antes, isso lhe pareceria uma traição. Agora, caminhando no vento, no chão das ruas novas, começa a dizer em voz alta: "Eu sou uma pessoa!" E ri de si mesma, lágrimas nos olhos, como se tivesse acabado de nascer. [...]
>
> Encontrara em si uma pequena alma transgressora [...].
>
> Entrou numa joalheria e comprou um anel que nunca mais tirou do dedo: sua aliança consigo mesma e com a sua verdade.

Se você não tem dinheiro para viajar ao exterior nem para se dar uma jóia de presente, não tem importância. Tenho certeza de que existem coisas simples que você sempre teve vontade de fazer, mas achava não ficar bem.

Esqueça o que os outros vão pensar e vá atrás de sua felicidade. Mesmo sem companhia, vá ao cinema numa tarde de terça-feira, passe um fim de semana na praia, assista àquela peça que você está com vontade de ver há tempos. Só quem aprendeu a ser amigo de si próprio pode curtir a amizade de outra pessoa.

Leve sua criança interior para brincar. Se desde criança você sente vontade de ter determinada boneca ou um carrinho com controle remoto, dê-se esses brinquedos de presente. Cuidar de sua criança interior é também uma maneira de curar as feridas de sua alma.

Não se esqueça de livrar-se do peso desnecessário. A vida já dá trabalho quando se cuida bem de si próprio. Para quem quer levar os outros nas costas, é ainda mais difícil.

A melhor maneira de se sentir leve para voar é estimular os outros a ser independentes. Aprenda que cada um escolhe o tipo de vida que vai ter. As pessoas não mudam porque você quer, mas porque se cansam de sofrer. Respeite o direito dos outros de escolher seus destinos. Libere as pessoas que você ama para que elas possam voar com as próprias asas.

Conta uma lenda dos índios sioux que, certa vez, Touro Bravo e Nuvem Azul chegaram de mãos dadas à tenda do velho feiticeiro da tribo e pediram: "Nós nos amamos e vamos nos casar. Mas nos amamos tanto que queremos um conselho que nos garanta ficar sempre juntos, que nos assegure estar um ao lado do outro até a morte. Há algo que possamos fazer?"

E o velho, emocionado ao vê-los tão jovens, tão apaixonados e tão ansiosos por uma palavra, disse: "Há uma coisa a fazer, mas é uma tarefa muito difícil e sacrificada. Tu, Nuvem Azul, deves escalar o monte ao norte da aldeia apenas com uma rede, caçar o falcão mais vigoroso e trazê-lo aqui, com vida, até o terceiro dia depois da lua cheia. E tu, Touro Bravo, deves escalar a montanha do trono; lá em cima, encontrarás a mais brava de todas as águias. Somente com uma rede deverás apanhá-la, trazendo-a para mim viva!"

Os jovens abraçaram-se com ternura e logo partiram para cumprir a missão. No dia estabelecido, na frente da tenda do feiticeiro, os dois esperavam com as aves. O velho tirou-as dos sacos e constatou que eram verdadeiramente formosos exemplares dos animais que ele tinha pedido.

"E agora, o que faremos?", os jovens perguntaram.

"Peguem as aves e amarrem uma à outra pelos pés com essas fitas de couro. Quando estiverem amarradas, soltem-nas para que voem livres."

Eles fizeram o que lhes foi ordenado e soltaram os pássaros. A águia e o falcão tentaram voar, mas conseguiram apenas saltar pelo terreno. Minutos depois, irritadas pela impossibilidade do vôo, as aves arremessaram-se uma contra a outra, bicando-se até se machucar. Então o velho disse:

"Jamais esqueçam o que estão vendo, esse é o meu conselho. Vocês são como a águia e o falcão. Se estiverem amarrados um ao outro, ainda que por amor, não só viverão arrastando-se como também, cedo ou tarde, começarão a machucar um ao outro. Se quiserem que o amor entre vocês perdure, voem juntos, mas jamais amarrados".

Essa é uma verdade no casamento e também nas relações familiares, de amizade e profissionais. Respeite o direito das pessoas de voar rumo ao sonho delas. A lição principal é saber que somente as pessoas livres serão capazes de amá-lo como você quer e merece. Respeite também as suas vontades e voe em direção às realizações da sua vida. Tenho certeza de que, ao ser livre, você encontrará pessoas felizes que adorarão voar ao seu lado.

O supercrítico do planeta

Esse é o tipo de pessoa que vive como um detetive, procurando o que pode estar errado em volta só para criticar. São pessoas com grande complexo de inferioridade que acham que, se apontarem os erros dos outros, serão vistas como superiores a eles.

Quando alguma coisa não está funcionando na vida delas, imediatamente passam a procurar defeitos nos outros. Raramente param para refletir sobre a causa das dificuldades, que são as próprias atitudes, pois, para elas, a raiz dos problemas é um problema do outro.

A ilusão do supercrítico do planeta é achar que, se ele arrumar tudo o que está errado em volta, poderá ser feliz. Como não percebe que os outros têm um jeito próprio de ser, tenta adaptá-los a si mesmo em vez de aceitá-los como são.

Tenho um amigo que vou chamar de Carlos. Ele possui um coração de ouro, mas seu maior prazer sempre foi apontar defeitos nos outros. Quando marcávamos para almoçar juntos, eu já ficava imaginando que tipo de comentário negativo ele faria sobre mim ou minhas coisas. Era impressionante sua capacidade de descobrir falhas!

Certa vez, ele viu meu carro no estacionamento, reparou que objetos dos meus filhos estavam jogados no banco de trás e começou a me acusar de estar sempre com o carro cheio de bagunça. Em outra ocasião, leu uma entrevista minha e ligou para comentar não o fato de eu ter saído na revista, mas algo negativo que notou no texto. Tinha sempre alguma crítica a fazer – "no intuito de ajudar", como dizia.

Por causa dessa postura, a vida afetiva dele era um inferno. Até que a esposa o abandonou. Ela chegou a tomar tranqüilizantes para poder suportá-lo. Ele, então, me pediu que ligasse para ela, e, embora eu já soubesse o que ela diria, atendi a seu pedido.

Ela me falou da angústia que era conviver com alguém que procurava mostrar que estava errada o tempo todo.

Se ela lhe dava um presente, por exemplo, nunca era o que ele queria. Quando era, ele reclamava porque ela pagara caro.

Não tenho muitas informações a respeito de seus dois filhos, mas soube que um deles, que mora com a mãe, tentou o suicídio e hoje freqüenta um grupo de auto-ajuda para introvertidos. O outro vive fora do país e só encontra o pai raramente.

Carlos já foi síndico do prédio onde mora. Nas vezes em que fui jantar com ele, vi como perturbava os moradores. Vivia azucrinando a vida de todos, procurando erros com lupa só para ter o que criticar.

Se as crianças riam alto, mandava uma advertência para os pais. Se havia um pouco mais de barulho do que de costume no salão de ginástica, era inevitável sua reclamação pelo interfone.

Bastava uma bola cair por acidente no jardim para que armasse uma grande confusão. Às vezes, saía no meio do almoço para advertir alguém. Ele conseguia transformar a vida dos vizinhos num verdadeiro inferno.

Por todos esses motivos, Carlos tinha saúde precária e uma insônia que não lhe dava descanso. Seu escritório de contabilidade ia muito mal (já pensou um contador que vive esfregando na cara dos clientes os defeitos deles?). Enfrentava também fases de depressão porque às vezes se dava conta de que ninguém gostava dele.

Carlos era contador, mas vivia como auditor: sempre procurando os erros dos outros. Auditores são pagos exatamente para isto: encontrar falhas. Mas o problema é que Carlos agia da mesma forma em seu casamento, com seus filhos, empregados e amigos. Deve ser muito difícil ser casado com alguém que vive fazendo auditoria em casa!

Por causa da depressão, Carlos começou recentemente a fazer terapia. Espero que ele consiga descobrir uma nova maneira de viver, com mais amor pelas pessoas e mais alegria. Ele é uma pessoa muito querida, mas infelizmente fez dessa obsessão de apontar os erros alheios um escudo para não entrar em contato com a própria solidão. Acredito sinceramente que muito em breve ele vai descobrir que amar as pessoas é melhor do que mostrar seus erros.

Será que você vive como ele? Será que cria um inferno na sua vida porque vive caçando defeitos nas pessoas que convivem com você? Será que você afasta as pessoas que ama porque elas se sentem torturadas por um investigador de polícia à procura de um criminoso? Será que você transforma os seus relacionamentos em um tribunal permanente com o objetivo de condenar a outra pessoa, e ela, defendendo-se, luta para mostrar que não é culpada?

Vamos analisar os traços recorrentes da infância dos supercríticos para que você veja se se identifica com eles.

Essas pessoas quase sempre tiveram mãe ou pai que viviam corrigindo cada gesto seu. Eram pais que exigiam que fossem crianças perfeitas. Pais que provavelmente tinham algum sentimento de inferioridade e, para compensá-lo, forçavam os filhos a ser tudo o que eles não conseguiram ser.

É claro que nenhum pai age assim porque quer deliberadamente prejudicar os filhos! Pelo contrário, acredita que a maneira correta de educar os filhos é fazer com que fiquem atentos a seus defeitos. O problema é que, às vezes, os pais erram a mão e se esquecem de equilibrar as críticas com elogios, de apontar os defeitos, mas também as virtudes.

Eles esquecem, principalmente, que ninguém nasce sabendo, que o conhecimento nasce da prática. **Não entendem que exigir que o filho comece uma nova atividade com perfeição significa desanimá-lo.** Viver apontando os defeitos dele é a maneira mais fácil de destruir sua auto-estima. Para essa criança, fazer balé é um martírio porque a mãe exige a perfeição dos movimentos. Para o menino, é um inferno jogar futebol porque o pai está sempre comparando-o com um colega e mostrando que ele não faz nada direito.

A criança cujo pai ou mãe age assim vai crescer com uma imensa sensação de inadequação. Não importa o que faça, os pais vão arrumar um jeito de mostrar que ela está errada. Não importa sua dedicação, eles vão tentar provar que ela é incompetente.

Como as crianças ainda não têm maturidade suficiente, não conseguem perceber que o problema não está nelas, e sim na ilusão dos pais de querer ter filhos perfeitos e infalíveis. Cada crítica dos pais as atinge na alma porque essas crianças, do fundo do coração, tentam fazer o melhor possível para agradá-los. Podem então passar a vida esforçando-se para mostrar que são capazes de superar as expectativas deles.

Tantas críticas, porém, acabam amputando as pernas dessas crianças, e depois de algum tempo elas ficam com medo de tudo: de ser criticadas, de não conseguir fazer nada certo, de não passar de ano na escola, de não conseguir aprender uma língua estrangeira. Então elas podem preferir não participar de nenhuma atividade por medo de não ser as melhores.

Na adolescência, elas descobrem que os pais vivem criticando todo mundo. No começo ficam com vergonha por eles agirem dessa maneira, especialmente quando estão na frente dos amigos, mas depois de algum tempo esses adolescentes percebem que se começarem a procurar defeitos nos outros ninguém vai descobrir como eles são inseguros.

Crianças cujos pais passaram a vida toda apontando os defeitos delas crescem prometendo nunca agir da mesma forma com os outros, mas o inconsciente acaba levando vantagem e, quando elas se dão conta, já se transformaram nos supercríticos do planeta, vivendo apenas para reprovar tudo o que acham errado. Passam a concentrar-se no lado negativo das coisas e são incapazes de um elogio sincero e desinteressado.

Em geral seus relacionamentos são destruídos desta maneira: apaixonam-se por uma pessoa e, no inconsciente, pensam que vão ser felizes juntos porque ela é perfeita. Essa ilusão de que encontraram o príncipe ou a princesa encantada permanece até o dia em que algo errado acontece e eles se frustram por ter achado um defeito na pessoa idealizada. Então começa o inferno: entram em decepção profunda e, a partir daí, passam a procurar defeitos incessantemente, até que inventam tantos que não conseguem mais conviver com essa pessoa.

O(a) namorado(a) do supercrítico, que no começo do relacionamento era tratado como um deus, depois de alguns meses passa a sofrer uma acusação por dia. A maioria então procura afastar-se o mais rápido possível, embora as pessoas com tendências masoquistas fiquem para ser acusadas por toda a vida.

Na verdade, os supercríticos precisam entender que o fato de as pessoas serem diferentes deles não significa que sejam cheias de defeitos nem que os dois não possam viver um grande amor. Para que esse relacionamento florisse, porém, o supercrítico precisaria deixar de ter prazer em procurar defeitos nos outros e descobrir a beleza da pessoa amada.

Os supercríticos do planeta só não percebem que quem gasta tanto tempo criticando a vida alheia não encontra energias para atingir a própria perfeição.

Para fazer valer seus pontos de vista, eles discutem e brigam, na ilusão de que vão resolver os problemas se conseguirem fazer com que os outros pensem e ajam como eles querem. Acabam percebendo que os problemas persistem mesmo que os outros se comportem conforme sua vontade. Então procuram outro culpado, e assim sucessivamente. Trocam os funcionários. Mudam de namorado(a). Juntam-se a novos sócios. Nada disso altera o estado das coisas porque logo começam a pôr defeitos nos novos parceiros e tudo volta ao ponto inicial.

Os sentimentos básicos dos supercríticos são a raiva e a irritação. Estão sempre prontos a explodir. Criticar alguém é a forma que encontram para extravasar sua impaciência e agressividade.

No trabalho, ora se desentendem com o gerente financeiro e ficam amigos do gerente de marketing, ora brigam com o gerente de marketing e passam a reclamar dele para o gerente financeiro. Só confiam em pessoas subservientes, prontas a assumir a culpa por algo que não deu certo.

Seu principal impulso é encontrar defeitos em tudo e em todos. Primeiro descobrem determinada imperfeição em algo (o que é natural, já que tudo pode ser melhorado). Logo depois sentem a necessidade incontrolável de apontar aquela falha para quem a cometeu, muitas vezes sem escolher hora nem lugar. Em seguida, imaginam que a pessoa acatará sua crítica e fará algo para consertar o que apontaram no prazo que acreditam ser ideal. Como isso em geral não acontece, logo vêm a irritação e freqüentemente a explosão.

Ameaçar os outros pode até dar certa sensação de poder, mas em nada contribuirá para seu bem-estar. Ameaçar demitir um funcionário ou abandonar a esposa demonstra apenas incapacidade de se fazer entender.

O supercrítico precisa perceber que seu comportamento é uma espécie de vício, uma fraqueza de sua mente, que não aprendeu a respeitar as diferenças nem a conviver com os erros – seus e dos outros.

O primeiro problema que os supercríticos criam com suas atitudes é para eles mesmos: sentem-se desvalorizados, têm a sensação de que, apesar do amor que demonstram ao corrigir as pessoas, elas não se importam com seus conselhos.

Dá para imaginar o tormento em que se transforma a vida de quem age assim? Como ninguém gosta de ser criticado o tempo todo, as pessoas se afastam dele, mantendo distância segura para preservar a auto-estima, ou partem para a guerra.

No primeiro caso, depois de anos de brigas, o supercrítico do planeta um dia se vê solitário. Percebe que perdeu seus amigos mais leais, o verdadeiro amor da sua vida, o sócio mais inteligente ou a afeição e o respeito dos filhos.

Na segunda possibilidade, o supercrítico cria um círculo de censuras em sua volta, pois muitos dos criticados por ele tendem a devolver na mesma moeda. Passam, então, a apontar impiedosamente os defeitos dele. De qualquer maneira, a tendência é ter em redor pessoas com auto-estima baixa, pois só elas agüentam conviver com alguém que as tortura o tempo todo. Ninguém que se gosta aceita ter de se defender e se justificar a toda hora, principalmente quando nada fez de errado.

Ele sofre, os outros sofrem, ninguém se entende, perdem-se o respeito, a admiração e o afeto. E bastaria apenas que o supercrítico fosse capaz de pensar como ensina a oração: perdoar nossas ofensas assim como perdoamos quem nos tenha ofendido. Pensar que tudo o que ele cobrar dos outros será cobrado dele e tudo o que ele aceitar nos outros será aceito nele. Afinal, somos nós que definimos o tipo de relacionamento que teremos com as pessoas queridas.

Se você está se dando conta de que criticar os outros tem sido seu jeito de viver, é hora de começar a mostrar seu amor às pessoas queridas. É hora de ver que você pode viver com alegria com todo mundo.

Lembre-se de que você é uma criatura cheia de amor, embora por fora pareça diferente. **Aprenda a amar as pessoas do jeito que elas são e a compartilhar sua vida sem querer mudá-la.** O verdadeiro amor acontece quando as pessoas se aceitam e se compreendem, com todas as virtudes e defeitos.

Olhe para dentro de si mesmo e assuma seus medos e limitações. Primeiramente ponha seu mundo interior em ordem. Você vai perceber que, quanto mais feliz estiver, menor será sua necessidade de mudar o outro. Quanto mais você se aceitar do jeito que é, mais fácil será compreender o caminho dos outros. Mais do que tudo, deixe que a sua alegria interior transborde em seu olhar. Volte a sorrir para a vida, e você verá quantos sorrisos vai receber.

Aceite a diversidade, inclusive a sua! Cada pessoa tem seu jeito muito especial de ser. A vida não pode ser uma plantação de eucaliptos com árvores iguaizinhas umas às outras, plantadas de maneira organizada e compacta. A vida é como uma floresta natural, cheia de árvores e arbustos que procuram seu lugar ao sol. Exigir que todos sejam de uma única maneira só fará com que você e as pessoas queridas se transformem em um deserto seco e árido. Quando você aceitar as pessoas queridas como são, perceberá que elas vão criar vida, como o deserto que começa a receber as águas da chuva.

Aprenda a ver a beleza de cada pessoa. Mesmo que seu filho quisesse ser do jeito que você pede, não conseguiria, pois ninguém é capaz de anular a própria essência. Por mais que ele o ame, não poderá destruir sua alma para ser tudo o que você planejou para ele. Observe que o olhar dele quer receber seu olhar de carinho, e no momento em que você aprender a conversar com ele simplesmente para conhecê-lo, sem querer mudar nada, a amizade de vocês desabrochará como um girassol no início da primavera.

No dia em que você aprender a abençoar as decisões dele, um novo horizonte se abrirá para que vocês caminhem juntos. Basta que você se lembre de como lutou para receber um elogio de seu pai para perceber que o seu abraço carinhoso de parabéns pode desenvolver a autoconfiança de seu filho. Se você quiser ajudá-lo a curar as feridas do coração, é só pedir desculpas por tê-lo pressionado tanto a mudar, a tornar-se alguém que você queria que ele fosse. Nesse instante, você poderá ver a dor de uma pessoa querida se transformar em amor para o mundo.

Ao admirar e valorizar os caminhos escolhidos pelos outros, você descobrirá novas maneiras de alcançar um objetivo. Vai perceber que sempre existem novos rumos para conquistar algo, que há várias maneiras de realizar uma tarefa. E, se for humilde o suficiente para respeitar as opções alheias, vai descobrir que tem muito a aprender com aqueles que são diferentes de você.

Perceba que ser diferente não é ser errado. Valorize tanto a beleza de uma rosa quanto a delicadeza de uma orquídea. Alguns preferem as rosas, mas nem por isso querem que o mundo seja uma imensa plantação de roseiras.

As pessoas que dão valor apenas àquilo de que gostam têm a tendência de pensar que tudo o que não for rosa deve ser massacrado até que se transforme em rosa. Aprenda a valorizar a beleza de cada flor, a admirar a riqueza de cada ser humano, para que sua vida seja plena de alegria.

Quando aprender a aceitar os outros como eles são, vai perceber que será mais fácil aceitar-se como é. Você vai diminuir as críticas que faz a si mesmo. Vai se curtir e aprender a gostar mais de você. Somente quando nos vemos como aprendizes da vida é que podemos realmente ter prazer em acordar todos os dias. Somente quando vemos nossos erros como parte de um processo de aprendizagem é que podemos realmente evoluir. As pessoas que são competentes naquilo que fazem são aquelas que se dedicam com alegria ao processo de aprender. Pessoas que se torturam para melhorar logo desistem de aprender.

Se, no passado, você ficou magoado quando alguém reagiu mal a um comentário seu, lembre-se de que as pessoas muitas vezes não vêem as críticas como um ato de amor, e sim como uma tentativa de diminuí-las. Quando você critica alguém no ambiente de trabalho, o colega pode pensar que quer puxar o tapete dele. Se for na vida amorosa, o companheiro talvez entenda essa atitude como um sinal de desamor. As críticas só são valorizadas por quem as pede.

Aprenda a controlar o impulso de criticar alguém, pois ele vai fazer com que você recaia no vício de procurar defeitos nos outros. Cuide disso como um alcoólatra trata a compulsão de beber: faça a promessa de que somente hoje será mais forte que o seu vício, e você verá que aos poucos essa tendência será apenas uma lembrança tênue.

Outra atitude fundamental é desenvolver o alto-astral. Rir é um grande remédio. Aprenda a contar piadas. Aprenda a dar boas gargalhadas. Uma das piores doenças do nosso tempo é o mau humor. Carranca e tensão são inimigas da criatividade. Quem está sempre preocupado não curte suas conquistas.

Aprenda a rir de tudo, especialmente de você mesmo. Entenda que todo mundo erra. Em vez de dar uma bronca na turma quando o erro acontecer, brinque com a situação. Você deixará todos mais relaxados para encontrar uma solução.

Que tal começar já a sorrir com a anedota abaixo?

Um padre muito bravo foi consertar uma janela da capela com um marceneiro. Ao tentar encaixar um parafuso, o rapaz deixou que ele caísse e gritou: "Ai, meu Deus do céu, errei!"

O padre ficou bravo e comentou: "Não use Seu santo nome em vão, meu filho".

O rapaz tentou mais uma vez e novamente não deu certo. Não se conteve e gritou: "Ih, meu Deus do céu, errei!"

O padre ficou furioso e o advertiu: "Pare com isso antes que um castigo caia sobre você".

Outra tentativa, que novamente não deu certo. O marceneiro mais uma vez gritou: "Ai, meu Deus do céu, errei!"

Desta vez o padre, explodindo de raiva, ajoelha-se e começa a rezar. Logo depois cai um raio, que o mata instantaneamente. Nos céus escuta-se uma voz: "Ai, meu Deus do céu, errei!"

Aprenda a brincar em qualquer situação. Você será muito mais feliz. Na próxima vez que o encontrar quero ver você contando anedotas e rindo bastante da vida, principalmente de como é pródiga com você!

A eterna vítima

Essa é uma pessoa que acumula vários fracassos, mas sempre responsabiliza os outros por suas derrotas.

Com freqüência é bem-falante, está sempre às voltas com um novo projeto em ação. Quem a ouve chega a entusiasmar-se com suas idéias porque ela demonstra bastante confiança e paixão. Mas, se você pergunta sobre o projeto anterior, a máscara da confiança cai. O novo projeto em que está envolvida é, em geral, um disfarce para esconder uma derrota que acabou de acontecer.

As eternas vítimas fracassam em um projeto atrás do outro, mas são muito vaidosas para assumir as derrotas. Portanto, têm sempre uma justificativa para seus problemas. No fundo, vivem como crianças, esperando que o pai assuma a responsabilidade por seus atos. Vivem uma espécie de síndrome de Peter Pan, o garoto que não queria crescer.

As vítimas da vida não aprenderam a importância do comprometimento na realização de um sonho. Têm muitos projetos, mas não são capazes de pagar o preço que tem de ser pago para realizá-los.

São pessoas cheias de ilusão. A maior delas é imaginar que a vida deve ser uma coleção de momentos de prazer. Acreditam que, depois que os príncipes se casam, são felizes para sempre. Que depois da formatura na faculdade não terão dificuldades profissionais. Que, se tiverem a sua empresa, não precisarão mais obedecer ordens de ninguém. Que, se conseguirem a própria casa, terão liberdade total.

Como você já sabe, é muito complicado viver essa ilusão eternamente. No dia seguinte à lua-de-mel o casal terá de fazer compras no supermercado, alguém vai ter de procurar o eletricista quando um problema de eletricidade aparecer, as roupas da casa precisarão ser lavadas, um deles vai ficar de mau humor com algum obstáculo da vida, virão os mal-entendidos. E nesse momento a eterna vítima se sentirá enganada pela outra pessoa, pois pensava que a vida com ela seria um eterno mar de rosas.

Um dia depois de montar o seu negócio, a vítima percebe que tem clientes chatos, que se não os atender bem eles não voltarão, que se não voltarem ela não terá dinheiro para pagar as contas, que se não pagar as contas os credores farão da vida dela um inferno, que precisará trabalhar de madrugada ou nos fins de semana... E se sentirá frustrada com o novo negócio. Em lugar de se dar conta de que em qualquer empreendimento há atividades que não são gostosas de fazer, a vítima pensa que o problema é ter escolhido o negócio errado.

Ela tem a ilusão de que seus filhos sempre serão bonitos e simpáticos e nunca vão ficar doentes. Quando as crianças trouxerem os problemas para ela resolver, sua tendência será abandonar os filhos. A vítima não aprendeu que na vida de adulto há sempre alguns buracos no caminho do paraíso. Ela alimenta a ilusão de que um caminho esburacado deve ser abandonado.

Em vez de pensar que um lar oferece coisas gostosas e outras para ser construídas, que um emprego proporciona prazer mas também dores de cabeça, que a maior mudança a fazer deve ser na sua maneira de encarar a vida, quando as coisas não acontecem como imaginam, as eternas vítimas ficam esperando que alguém resolva os seus problemas no lugar delas. Se algo não dá certo, elas jogam a culpa nos ombros de outra pessoa. O sofrimento com seus fracassos é inútil porque elas dificilmente aprendem com os erros.

Não evoluem porque não assumem que a razão de suas derrotas foi o fato de não se dedicar totalmente ao novo projeto.

Não percebem que não realizaram seus objetivos porque não foram capazes de trabalhar para valer, de mobilizar toda a sua capacidade em prol de determinado projeto. Não evoluem porque imaginam que o paraíso é um lugar sem nenhum tipo de dificuldade.

Eu conheci uma pessoa que era exatamente assim. Vou chamá-la de Jorge. Ele tinha uma empresa de consultoria de marketing, mas não conseguia projetos para trabalhar. Na visão dele, a razão da falta de trabalho estava sempre fora de sua empresa. Suas justificativas prediletas eram os empresários, "que ainda não aprenderam a valorizar o marketing", ou os outros consultores, "um bando de incompetentes que corrompem o mercado". Para ele, a responsabilidade de seu fracasso era sempre de outras pessoas.

A história dele é típica da eterna vítima. Filho de pais ricos, Jorge foi um mau aluno. A interferência dos pais entre os professores fazia com que ele passasse de ano. Em vez de analisar mais profundamente as dificuldades do filho, os pais optavam por culpar os professores. Aos trancos e barrancos, ele conseguiu terminar o colégio e até entrou em uma boa faculdade.

Quando se formou, os pais apostaram nele e lhe deram dinheiro para que abrisse uma fábrica de móveis. No início, parecia que os negócios iam bem, até que os prejuízos apareceram e foram aumentando rapidamente. As dívidas cresceram tanto que, depois de gastar boa parte do patrimônio, o pai decidiu fechar a empresa.

Essa atitude deixou Jorge revoltado. Afinal, o pai decidiu fechar a empresa "na hora em que ela daria a grande virada". Eu, particularmente, penso que ele fechou o negócio antes de perder todo o dinheiro acumulado em uma vida de trabalho duro.

Depois disso, Jorge achou que a saída era mudar de ramo, "investir numa atividade completamente diferente e desafiadora". Encontrou um sócio, que aportou muito dinheiro, e montaram um restaurante.

No início a casa vivia cheia. Jorge convidava os amigos para jantar e adorava ficar conversando com eles mesmo quando o restaurante estava lotado e a equipe precisava de sua ajuda. Achava o máximo ter a oportunidade de conhecer muitas pessoas.

Como acontece com a criança que se cansa de um brinquedo novo, porém, a euforia de ter um novo empreendimento passou, e ele começou a deixar de ir ao restaurante. No início saía mais cedo e, depois de algum tempo, nem aparecia. Alguns meses depois o restaurante fechou, deixando com o sócio todo o prejuízo.

As outras aventuras profissionais foram tão trágicas quanto as primeiras, mas a mania de responsabilizar os outros por seus problemas chegou ao absurdo quando ele ficou arrasado porque sua ex-mulher não quis financiar "um projeto sensacional que ia revolucionar a arte do país". Parece estranho, mas é verdade: a ex-mulher! Ela, "que tinha pais tão ricos que poderiam financiar o espetáculo", se recusou a ajudá-lo.

Eu também a conhecia: era uma mulher do tipo protetor do universo, que durante anos o sustentara com o dinheiro que recebia da família. Sofreu muito com as reclamações de que ela não o apoiava, até que ele a trocou por outra que, segundo dizia, "cuidava melhor dele". De uma hora para outra, desapareceu sem deixar rastros.

Jorge era incapaz de enxergar que o verdadeiro entrave a seu sucesso talvez fosse o fato de ser um profissional vaidoso demais, de achar que qualquer uma de suas idéias era tão genial que daria certo mesmo que não se dedicasse a ela com afinco.

Muitas dessas eternas vítimas, como Jorge, foram muito protegidas pelos pais na infância. Pais que contratavam professores particulares ao menor sinal de dificuldade na escola ou faziam as lições de casa pelo filho para que ele não passasse por incompetente perto dos amigos e professores.

Às vezes os pais são pessoas pobres, como empregadas domésticas, que fazem tudo pelos filhos. Passam necessidade e sacrificam a família para que a criança tenha tudo do bom e do melhor. Pais que acordam cedo, mas deixam o filho dormir até tarde porque "o coitadinho está muito cansado". São pais que protegem o filho dos problemas para que ele tenha uma imagem positiva deles e seja sempre bonzinho.

Pessoas como Jorge cresceram sem descobrir suas capacidades e limitações porque sempre havia alguém pronto a fazer as coisas por elas. Os pais, protetores do universo, imaginavam que outras pessoas também protegeriam os filhos na escola, no trabalho, na vida. Não raro, na infância, ao tentar tomar a iniciativa, foram inibidos por pais que diziam: "Você não sabe fazer isso, deixe comigo que eu faço".

Quando os pais os protegem demais, os filhos não têm a possibilidade de descobrir que são capazes de superar dificuldades. Hoje em dia vemos pais supercarinhosos que protegem os filhos em demasia e acabam formando jovens que têm medo do mundo por não se sentir fortes o suficiente para enfrentar a vida.

São pais que não percebem que dar espaço para a sua "plantinha" é a melhor maneira de ajudá-la a crescer forte nem que muita água pode matá-la. Colo demais enfraquece as pernas dos filhos e inibe sua autonomia. Da mesma maneira que pais supercríticos cortam as pernas dos filhos, pais superprotetores deixam as pernas dos filhos sem força para construir a própria vida, sem força para caminhar até seu objetivo.

Na infância as eternas vítimas, em geral, tiveram pais que se sentiam culpados por qualquer problema delas. Pais que ficavam desesperados quando viam o filho em dificuldades. Pais que não aprenderam que a grandeza das pessoas vem da capacidade de superar problemas e desafios. Pais que não perceberam que a coragem nasce no terreno com obstáculos. O resultado são filhos que cresceram acomodados e inseguros.

Alguns sobem num pedestal para camuflar a insegurança e nunca assumem suas fraquezas. A eterna vítima se sente injustiçada pelo destino: é a prefeitura que não a apóia, a empresa que não entra com o patrocínio necessário, o chefe que não a entende, os pais que não a estimulam. Adia compromissos e está sempre empurrando os problemas com a barriga, esperando que uma solução mágica caia do céu.

E, pior para ela, sempre encontra um protetor do universo para carregá-la nas costas. É pior porque essa solução pode até resolver suas dificuldades no primeiro momento, mas a longo prazo traz sérias complicações, pois a tornará dependente, incapacitada para desenvolver a autonomia.

O comportamento básico da eterna vítima é a displicência.

Ela acredita que as coisas acontecerão sem que tenha de se dedicar. Lógico que debaixo da displicência há impotência e preguiça, mas raramente essas pessoas terão olhos para enxergar a si mesmas. O mais comum é sentirem raiva de alguém que, como dizem, "poderia ter facilitado as coisas para elas". Seu impulso primordial é cobrar dos outros o que, na verdade, elas mesmas deveriam ter feito.

Outra característica desse tipo de pessoa é que tudo

na vida delas está no passado ou no futuro, nunca no presente. Já foram ou ainda serão empresários, já tiveram ou ainda terão uma idéia genial. No presente, hoje, agora, não conseguem realizar nada. Não percebem que as ilusões podem ser criadas em qualquer tempo, menos no presente. Que o futuro se encarregará de desmentir aqueles que não souberam se dedicar aos seus projetos.

Além disso, tendem a deixar atrás de si um rastro de desafetos. Usam e abusam da generosidade de familiares e amigos, mas quando alguém decide dar um basta — recusando-se a emprestar mais dinheiro ou a entrar numa nova empreitada, por exemplo — passa rapidamente da lista de amigos para a de inimigos. Ninguém gosta de se sentir usado. Todas as pessoas, mesmo os superprotetores, querem se sentir especiais para alguém que foi importante.

O vício nos jogos de azar é um grande perigo para a eterna vítima. Como está sempre esperando que a solução de seus problemas venha de fora, ela tende a achar que ganhar na Loto é a grande saída.

O maior problema dessas pessoas é que elas nunca tomam a vida nas próprias mãos. Falam muito, têm argumentos ótimos, mas não se comprometem de verdade com o que precisa ser feito. Não se dão conta de que todos os sonhos têm um preço.

Cedo ou tarde, porém, chega a hora da verdade, o momento em que a vida vai cobrar delas tudo o que prometeram. Uma hora ou outra, o ator terá de enfrentar a platéia, o advogado terá de encarar o juiz, o médico terá de empunhar o bisturi. E nesse momento não haverá ninguém para assumir essa responsabilidade por eles. **Na hora da verdade ninguém engana a vida. É possível enganar o professor, os pais e até a pessoa que as está contratando, mas enganar a vida é impossível. Na hora da verdade a vida se encarrega de pôr todas as pessoas no devido lugar.**

A eterna vítima cria muitos problemas para si mesma, mas também cria muitas dificuldades para as pessoas com as quais convive. Na infância, depois de algum tempo seus pais começam a brigar um com o outro acusando-se de não ter sido firmes na educação do filho. Já adultos, arrumam brigas com os amigos por se sentir traídos por eles. Brigam com os chefes por ter sido demitidos na hora em que mais precisavam do emprego. Ficam chateados com todos, mas raramente fazem o mais importante: olhar para dentro de si próprios e aprender a batalhar por suas metas.

Em geral a eterna vítima se relaciona com os protetores e os supercríticos, que tentam colocá-la no caminho do sucesso, mas logo descobrem que ninguém consegue ajudar quem não se ajuda. Por mais que eles façam, vão perceber que não podem infundir-lhe garra nem capacidade de superação.

Agora um toque fundamental: embora esse seja o tipo problemático mais freqüente, é pouco provável que ele tenha coragem de se identificar prontamente. O mais comum é que sinta vergonha de admitir que age assim. No entanto, se você suspeita, mesmo de longe, que pode estar levando sua vida na posição de vítima, quero lhe dar um conselho: analise os resultados que tem alcançado na vida e, se eles estiverem abaixo do que poderia ter conquistado, pergunte-se se não é chegada a hora de assumir seus compromissos de verdade.

Meu amigo, a vida é sua, e ela só irá para a frente quando você aprender a fazer o que precisa ser feito. É até compreensível que no momento da dor você queira jogar a culpa de seus problemas na ação ou na omissão de alguém. Mas isso não vai ajudá-lo a conquistar as vitórias que você deseja! Lembre-se de que você só conseguirá vencer se assumir sua responsabilidade e for buscar dentro de si mesmo a força de que precisa para renascer mais maduro depois de superar as dificuldades.

Ninguém tem culpa pelo que acontece com você: nem seus filhos nem seus pais, ninguém! Na sua juventude, algumas pessoas podem até sentir pena de você achando-o injustiçado, talvez os mais ingênuos se perguntem como alguém com o seu talento não consegue dar certo ou achem que este mundo é injusto por não valorizar alguém como você. Depois de alguns anos, porém, todos, com exceção de seus pais, que o mimaram, vão fugir de você. Todas as pessoas queridas vão se dar conta de que você aprendeu a pedir, mas não aprendeu a construir. Depois de algum tempo, todos se cansam de ajudar quem se coloca na posição de vítima. Aliás, as pessoas estão cada vez mais chegando à conclusão de que as eternas vítimas são verdadeiros vampiros da energia alheia.

Um amigo me contou que ao participar de uma sessão de terapia de grupo ouviu o depoimento de uma mulher que se lamentava terrivelmente da vida que levava com o marido. O grupo todo ficou comovido com a dor da mulher, condoído pelos sofrimentos e humilhações pelos quais ela era obrigada a passar. Alguns chegaram a chorar de pena, até que o terapeuta os interrompeu dizendo:

"Ontem eu soube da morte de um amigo. Ele estava parado em um ponto de ônibus quando sofreu um terrível acidente: foi atingido por uma pedra que caiu de um guindaste bem no momento em que passava sobre a cabeça dele. Teve morte instantânea. Fiquei impressionado com o azar dele. Imaginem: parado no ponto de ônibus, e, de repente, a morte.

"Mais tarde fui ao velório e soube o que realmente acontecera: várias pessoas estavam no ponto de ônibus, mas quando viram as manobras do motorista do guindaste aproximando-se da calçada onde estavam gritaram e fugiram apavoradas, menos meu amigo.

"Quando soube disso, percebi que não foi azar. De alguma maneira, ele contribuiu para que essa tragédia acontecesse. Por que ele não saiu dali quando viu que estava bem no caminho da pedra?

"O motorista do guindaste errou em fazer a manobra sobre a calçada, mas será que ele não viu que corria risco de vida e deveria fazer algo para se proteger?"

Com essa história, a intenção do terapeuta certamente era dar um recado à paciente do grupo que continuava casada com um homem agressivo, que a maltratava tanto. Será que ela não estava contribuindo para que aquela situação se perpetuasse? Será que não se dava conta de que poderia procurar alguém capaz de ter uma relação construtiva? Se o marido fazia esses absurdos é porque ela deixava que isso acontecesse. Enquanto ela tivesse pena de si mesma e encontrasse pessoas que a colocavam no colo, enquanto ela não assumisse a responsabilidade por sua vida, esse estado de coisas não iria mudar. Ter compaixão de uma vítima só lhe dá mais alimento para que ela não mude sua vida.

Culpar alguém pelo seu sofrimento é fácil, mas não resolve nada. A libertação só vai acontecer quando você admitir que só é vítima de você mesmo! Liberte-se da dependência dos outros. Eles não podem ser responsabilizados por seu sucesso nem por seus fracassos. Eles são simplesmente testemunhas de seu drama.

Vá atrás dos seus sonhos! Pare de atazanar a paciência dos outros com desculpas esfarrapadas e batalhe de verdade! Acredite em si mesmo e avance, vá à luta, acorde mais cedo que os outros, durma mais tarde que os demais. Pessoas que falam muito raramente têm energia para agir.

Sua verdadeira saída existencial é descer do pedestal e assumir a responsabilidade por sua vida. Não importa qual é o seu novo projeto, o importante é que você chame para si o compromisso de realizá-lo, dando o máximo para que ele aconteça, sem esperar que os outros façam o que você tem de fazer.

Talvez você esteja curioso por saber o que aconteceu com Jorge. Acho que finalmente ele tomou o destino em suas mãos. Há algum tempo nos encontramos e percebi que a postura dele havia mudado radicalmente.

Ele me contou que se deu conta de como se enganara durante tantos anos. Começou uma terapia e decidiu viver de acordo com suas condições. Fechou a empresa, vendeu o carro para pagar as dívidas e, acreditem, estava andando de ônibus, trabalhando com vendas e conseguindo bons resultados.

Em resumo: pela primeira vez ele percebeu que seus resultados eram conseqüência de suas atitudes e parecia muito disposto a continuar no caminho da mudança.

Se você se identifica com a história de Jorge, é importante saber que sempre é tempo de recomeçar e fazer o que tem de ser feito. Uma das maiores dádivas da vida é que o passado pode ficar para trás e você pode ter a vida que merece no presente e no futuro.

Para isso, é fundamental que você compreenda que os caminhos do sucesso não têm atalhos! É preciso trilhar cada quilômetro da estrada com consciência, consistência e determinação.

O coração de gelo

Esse é o estilo de vida das pessoas que desprezam sentimentos, detestam vínculos e vivem para colecionar conquistas.

Encontro esse personagem com freqüência na cadeira dos presidentes de empresas, especialmente nas multinacionais. Em geral, suas conversas giram em torno de números; não somente os seus, mas os de todas as pessoas que convivem com eles. Para eles, as pessoas valem por suas riquezas. Na escola valorizam as notas, nas empresas valorizam os salários, o faturamento e a lucratividade.

Quando se propõem conseguir alguma coisa, passam por cima dos outros para atingir esse objetivo. Tratam as pessoas de maneira diferente segundo seus interesses e as manipulam para conseguir o que querem.

Lógico que esse estilo de vida não é exclusivo de pessoas ricas. Há recepcionistas e motoristas que agem da mesma forma para ser valorizados, jovens atletas que são capazes de fazer "pactos com o diabo" para ser titulares, gerentes que se casam, sem amor, com herdeiras de grupos empresariais para subir na carreira, candidatas a modelo que se envolvem com homens ricos para ficar famosas.

Em resumo: **são pessoas que desprezam os sentimentos para subir na vida.** Enxergam relacionamentos apenas com perspectivas profissionais: vão a festas à procura de negócios e não têm amigos de verdade, somente clientes em potencial. Não saem com quem gostam de conversar, e sim com quem pode ajudá-las a atingir seus objetivos.

O sentimento básico do coração de gelo é a indiferença. Age como se houvesse um escudo entre ele e o restante do mundo. Você pode até conhecer algo sobre ele, mas raramente vai conseguir tocar seu coração, pois ele mantém as pessoas sempre a uma distância considerada segura.

O coração de gelo cria uma muralha para protegê-lo do mundo. Passa a vida acumulando coisas, mas sofre tanto para conquistá-las que acaba valorizando o ter em detrimento do ser.

Pessoas assim ficam tão apegadas ao que conquistam que se tornam mesquinhas. Não conseguem compartilhar suas riquezas, menos ainda distribuir afeto. Como em geral são interesseiras, acham que todo mundo se comporta da mesma maneira. Não conseguem enxergar o amor dos outros mesmo quando é intenso e sincero.

Agem assim porque passaram a vida aperfeiçoando meios de se relacionar sem se envolver. E fazem isso em todas as esferas da vida. Arrogantes, sentem-se em posição de superioridade em relação às outras pessoas, dando ouvidos apenas às opiniões de quem tem mais sucesso que eles e desprezando a convivência com aqueles que acreditam ser inferiores.

Não acompanham a vida dos filhos. Não têm tempo de assistir à apresentação de dança da menina na festa da escola nem conseguem chegar na hora de ver o filho competir na natação. Quando conversam com eles, o assunto são notas e cobranças.

Outro dia me contaram que um menino, conversando com Deus em sua oração antes de dormir, fazia o seguinte pedido:

"Senhor, nesta noite quero fazer um pedido especial: que me transforme, Senhor, em um televisor. Queria ser eu o destaque da sala, queria ser ouvido com atenção quando falo, sem ninguém para interromper. Queria ser tão bem-cuidado quanto ele quando algo não funciona. Ter a companhia de meu pai quando ele chega em casa, mesmo que esteja cansado do trabalho. E que minha mãe me buscasse, como faz com a TV quando está sozinha e aborrecida. Queria poder divertir todos eles, mesmo que às vezes não digam nada. Queria ter a sensação de que eles deixaram tudo para passar alguns momentos ao meu lado. Senhor, não peço muito. Só viver como vive qualquer televisor".

Imagine o que é não se sentir importante para os próprios pais... É o que acontece com os filhos dos corações de gelo, porque eles não enxergam as necessidades dos outros nem se envolvem verdadeiramente com ninguém!

A grande ilusão dos corações de gelo é que, se não se envolverem, não vão sofrer. Não percebem que se não se envolverem não viverão a vida por inteiro.

O grande objetivo da vida dessas pessoas é acumular bens materiais, o máximo que puderem. Têm pavor de algum dia vir a precisar de alguma coisa que não possuam. Cada ato deles visa a sua segurança, pois não aceitam a possibilidade de depender de alguém.

Os corações de gelo procuram juntar muito dinheiro, na crença de que podem comprar tudo de que necessitam, e só descobrem que essa não é a regra quando percebem que estão sozinhos e que não há dinheiro no mundo que pague o amor que desejam ter.

Vou contar a você a história de Marcos, que tem os traços predominantes dos corações de gelo.

Marcos é um rico empresário. Típico homem bem-sucedido, ele teve uma infância pobre e chegou a passar fome. Nunca ganhava brinquedos no Natal nem tinha festa de aniversário. Sua vida foi tão difícil que ele teve de trabalhar desde cedo, primeiro como engraxate, depois como vendedor de frutas. Mais tarde foi bancário e chegou rapidamente à gerência de uma agência, de onde saiu para montar suas lojas.

Sua agenda vive lotada de compromissos profissionais, e as viagens são constantes. Chega a visitar três cidades no mesmo dia. Pode-se dizer que vive para o trabalho.

Marcos não tem tempo para uma noite tranqüila nem

para fins de semana de descanso nem para festas. Só tem tempo para trabalhar mais. Quase nunca sai de férias, pois se sente inútil quando não está trabalhando.

Tudo o que faz é viver analisando a conjuntura para descobrir novas oportunidades de ganhar mais dinheiro. Enfim, sua vida é conquistar e acumular coisas que provavelmente não terá a oportunidade de desfrutar.

Apesar de ser casado com uma mulher que o ama, dedica-se a conquistas amorosas. Tem o prazer de lutar para estar com uma garota, mas depois que a conquista perde todo o interesse por ela. Orgulha-se de contar aos amigos que nunca sai duas vezes com a mesma mulher.

Os filhos costumam reclamar sua atenção, e ele vive prometendo que em breve vai trabalhar menos e passar mais tempo com eles, mas no fundo sabe que esse dia nunca chegará.

Quando as coisas não acontecem como planejou, Marcos fica irritado e começa a punir as pessoas que estão perto dele. Ameaça demitir os funcionários e dá um gelo na esposa quando ela não faz o que ele quer.

Marcos às vezes passa meses sem ver os pais e considera os encontros com os irmãos um compromisso pesado e enfadonho, que procura evitar a todo custo. Não gosta de festas de confraternização nem de *happy hours* com os amigos. Seu *hobby* é o trabalho.

Quando conversamos, ele diz que está preparando um novo diretor geral para cuidar de suas empresas, pois quer dedicar mais tempo a sua vida pessoal. Acredito que diz a verdade quando fala em cuidar melhor de si mesmo, mas a pergunta que fica no ar é se ele vai resistir ao vício do trabalho e conseguir abrir seu coração para as pessoas queridas.

Quando analisamos a infância das pessoas que vivem como Marcos, encontramos duas situações distintas.

Muitas vezes, os corações de gelo tiveram uma infância muito pobre, e o sofrimento de não ter o que comer fez com que buscassem alternativas para nunca mais ter de passar necessidade. Como, infelizmente, seus pais não foram capazes de proporcionar o básico para que vivessem tranqüilos, eles prometem fazer qualquer coisa para não passar de novo por aquelas dificuldades.

Mas o coração de gelo também pode ter nascido em uma família rica cujo passado foi muito pobre. Os pais dele, embora fossem ricos, falaram tanto da miséria da infância que ele ficou traumatizado, com medo de algum dia ter também de viver na pobreza.

Tanto numa situação como na outra, o fantasma da pobreza tornou-se um grande inimigo e, por causa dele, os corações de gelo optaram por deixar seus sentimentos em segundo plano e se concentraram na descoberta de maneiras de ganhar mais e mais para se sentir protegidos.

Os corações de gelo, em geral, tiveram de amadurecer muito cedo e foram obrigados a deixar as brincadeiras para trás. Aos poucos foram se afastando dos amigos e acabaram alimentando a crença de que brincar é uma grande perda de tempo.

Na adolescência, seus ídolos normalmente são pessoas de sucesso que têm uma vida afetiva pobre. Nessa época começam a escolher os namorados e podem deixar de lado a pessoa a quem amam de verdade para ficar com aquela que lhes dá mais *status*. **Transformam-se em jovens admiráveis por sua disciplina e dedicação, mas acabam perdendo a referência do que é ser feliz.** Adoram batalhar para alcançar seus objetivos, mas raras vezes conseguem desfrutar as conquistas.

Não deixam que nada falte aos pais do ponto de vista material. São até bem generosos nesse sentido, porém a avareza de afeto é atroz. São capazes de dar tudo o que os pais querem, menos um beijo carinhoso. E o pior de tudo é que os pais, ao vê-los cheios de dinheiro, pensam que já têm tudo e também não lhes dão carinho.

Tão logo têm dinheiro suficiente, saem de perto das pessoas queridas, pois querem esquecer a qualquer custo os tempos difíceis da infância. A vida para eles é colecionar. Colecionam carros, casas, viagens. Colecionam amantes na cama. Colecionam números na conta bancária e bens na declaração do imposto de renda. Na maioria das vezes, porém, não curtem essas conquistas.

O maior prazer deles é a conquista, mesmo que depois a joguem fora. Muitas vezes fazem de tudo para conquistar uma mulher. São capazes de destruir casamentos com milhares de promessas. Juram amor eterno, prometem mundos e fundos, dizem-se capazes de deixar de lado a vida de don-juan e, no entanto, no dia do casamento atrasam-se para a cerimônia porque estavam paquerando uma mulher que encontraram no estacionamento da igreja.

O coração de gelo adora fazer chantagens. A diferença em relação aos outros tipos é que não posa de coitadinho. Quando as coisas não andam como gostaria, ele apela para presentes caríssimos a fim de tentar comprar as pessoas que deseja conquistar. Outro tipo de chantagem é a ameaça de punição: se o filho não faz o que ele quer, ameaça cortar a mesada dele; se a esposa não o satisfaz, diz que vai embora.

A grande verdade é que o coração de gelo não entende nada de gente! Mesmo quando quer dar um presente, ele não sabe entrar numa loja e comprar algo especial para a pessoa querida. Simplesmente dá o dinheiro como presente ou manda a secretária comprar.

O fato de ser viciado no trabalho leva aqueles que estão a seu lado a se sentir secundários em sua vida. Parece que, para o coração de gelo, o ser humano só tem importância quando representa bons negócios.

Ele não descobriu que a vida não é feita só de trabalho nem que existem coisas muito mais importantes. Brian Dyson, ex-presidente da Coca-Cola, dá a receita ideal de vida: "Imagine a vida como um jogo no qual você faz malabarismos com cinco bolas lançadas ao ar. Essas bolas são o trabalho, a família, a saúde, os amigos e o espírito. O trabalho é uma bola de borracha. Se cair, bate no chão e pula para cima. Mas as outras quatro são de vidro. Se caírem no chão, vão se quebrar e estarão danificadas para sempre. Entenda isso e busque o equilíbrio na vida".

Os corações de gelo ainda não entenderam esse jogo. Por isso, sua vida familiar é um eterno conflito. Ficam revoltados quando um dos filhos escolhe uma carreira que não combina com o conceito que fazem de sucesso. Ficam envergonhados quando têm de dizer que o filho é músico ou a filha é atriz. Adorariam que os filhos, como eles, também abandonassem suas vocações e seguissem uma carreira que lhes desse dinheiro e *status*.

O coração de gelo coloca em cada frase uma ameaça a seu interlocutor. É assim com a esposa, a quem sempre ameaça abandonar dizendo de boca cheia que "não é homem de sofrer por ninguém". Quando o filho faz algo que o incomoda, ele reage da mesma maneira: distanciando-se. Mas, à medida que se vai afastando das pessoas queridas, ele percebe que está ficando sozinho. Depois de algum tempo, a sensação de estar sempre aborrecido mostra que a separação dos filhos é dolorida.

Pessoas assim procuram reprimir seus sentimentos e não se envolver com ninguém. Teimam em ficar distantes de todos e não percebem que seus problemas estão aumentando. Tentam criar um mundo no qual tenham tudo sob controle. Não percebem que a vida é um oceano, impossível de ser controlada. Até que algo lhes fuja completamente das mãos e eles caiam física e espiritualmente doentes.

Como aprenderam a controlar os sentimentos, eles pensam que o desconforto de estar sozinhos vai passar. Mas a dependência do álcool, do cigarro e dos calmantes mostra que eles não são assim tão auto-suficientes. Tentam calar a voz da consciência, mas à medida que o tempo passa a insatisfação aumenta. A solidão queima seu coração, mas seu orgulho é maior do que essa dor.

A queda começa quando eles finalmente se dão conta do vazio interior em que vivem. Quando entendem que deixaram de viver para acumular riquezas materiais. Quando descobrem que o dinheiro e os aplausos não conseguem suprir todas as suas necessidades.

Essa tomada de consciência em geral se dá por volta dos 50 anos. E aí eles se desesperam, querem recuperar o tempo perdido. É comum que passem a se vestir e agir como jovens e comprem carros esportivos. Acreditam que, ao deixar os cabelos compridos, terão de volta a força e a leveza da adolescência.

Quando isso acontece, passam a usar o dinheiro para conseguir o que querem. Vivem cercados de jovens nas festas que organizam, de mulheres bonitas em suas mansões de inverno, de gente pronta a paparicá-los nos restaurantes caros em que realizam jantares. Mas não conseguem alterar a sensação de que são meros convidados nas próprias festas.

O que eles não entendem nessa fase é que a sensação de ter desperdiçado a vida não pode ser aplacada por nenhuma companhia sem amor nem por uma garrafa de bebida sofisticada.

A sensação de que a vida está desmoronando soma-se à dor de ver pessoas queridas distanciar-se. A filha se cansa de ter de limpar sua barra depois de seus vexames. A esposa, que realmente o ama, se cansa de ficar esperando. Os verdadeiros amigos se cansam da sua ostentação frívola. E assim todos vão embora. É nesse momento que ele descobre que só tem a seu lado pessoas interessadas em seu dinheiro e em seu poder.

A sensação de desamparo é tanta que alguns buscam a espiritualidade, e não raro descobrem que não sabem mais conversar com Deus, pois passaram a vida adorando o deus dinheiro.

É interessante observar que esse tipo de comportamento, tão comum nos homens de negócios, já pode ser identificado nas mulheres executivas, que nos últimos anos conquistaram espaço no mercado de trabalho. Infelizmente, muitas delas abandonaram a família pelo sucesso profissional. São incapazes de dar um banho no filho com carinho, de ouvir o que ele tem a dizer sobre o seu dia ou de ampará-lo numa noite de pesadelo. Como têm dinheiro suficiente, pagam pessoas para fazer tudo isso no lugar delas, orgulhosas por poder pagar bem.

Se você se identifica com um coração de gelo, gostaria de lhe dar os parabéns. Ler um livro como este é sinal de que você já está quebrando o gelo de seu coração, pois uma pessoa que nega a importância dos sentimentos nunca faria isso. Talvez você esteja lendo apenas esta parte porque a pessoa amada lhe pediu, mas esse é um sinal de que você está cuidando da pessoa que ama.

E, já que você está se dando a chance de se conhecer melhor, gostaria de lhe pedir que, se puder, ouça uma antiga música dos Beatles, "Nowhere man". É uma canção simples, como quase tudo o que toca o coração da gente. Ela diz: *"Nowhere man, please listen, you don't know what you are missing..."* (homem solitário, preste atenção e perceba o que você está perdendo).

Olhe quantas coisas lindas você já tem e permita-se, com um simples toque no coração, ser feliz de verdade. Perceba que você, uma pessoa tão sensível, escolheu seguir o caminho da insensibilidade. Essa viagem não poderia dar certo nunca. Você tem muito amor no coração e foi isso que o levou a trabalhar desde cedo: não conseguia conviver com o sofrimento das pessoas queridas. Você assumiu a responsabilidade da sua família quando viu a dor de todos por passar necessidade. A pessoa mais sensível teve a iniciativa.

Ouça o conselho dos Beatles, porém, e tenha muita paciência consigo mesmo quando decidir mudar, pois às vezes esse processo pode ser muito lento. Saiba de antemão que você pode ter muitas recaídas, mas use a disciplina que desenvolveu para não desanimar e seguir adiante com muita determinação. O processo de libertação do coração de gelo é muito diferente dos outros, pois ele se desenvolve principalmente no silêncio da alma.

É uma mudança solitária, que começa com uma visita desajeitada a uma loja de artigos infantis para comprar um brinquedo para o neto de 10 anos, a quem nunca presenteou de verdade, mas, principalmente, com a consciência gradativa de que é necessário ter muita coragem para estar de novo frente a frente com os próprios sentimentos.

Quando o ex-coração de gelo não tem a paciência de esperar as mudanças ocorrerem, pode destruir esse projeto rapidamente. Quem está acostumado a dar ordens tende a querer que as amizades sejam construídas por decreto. Quem cresceu comprando tudo o que desejava terá dificuldade de aceitar que o amor não está à venda nos supermercados. E o amor precisa de tempo para crescer. As feridas do coração das pessoas que ele magoou precisam de tempo para cicatrizar. A insegurança daquele que foi humilhado demora um pouco para se transformar em confiança.

Muitas pessoas vão duvidar de que a mudança seja para valer. Talvez, quando você convidar o seu filho para um almoço, ele se pergunte, desconfiado: "O que o papai vai querer aprontar desta vez?"

Pode ser que sua esposa também reaja com desconfiança quando for convidada para uma nova lua-de-mel no México.

"Nowhere man", tenha calma e muita paciência até que as pessoas descubram que você está decidido a recuperar a felicidade.

Depois de algum tempo todos vão perceber que você está aprendendo a criar vínculos, a se importar com os outros, a chorar de saudade de alguém, a se comover com o medo do filho, a sentir alegria ao voltar para casa.

Depois de algum tempo eles vão perceber que agora você tem prazer em ligar para casa todos os dias, quer esteja há um mês no Japão, quer no Rio de Janeiro para uma viagem de um dia. E saberão que, se você telefona, é realmente para saber como eles estão e porque sente saudade, e não porque precisa de algo.

Depois de algum tempo as pessoas vão perceber que são importantes para você e que você não as abandonará em nenhuma circunstância. Aí, então, elas vão voltar a abrir o coração para você.

Contam que um homem, seu cavalo e seu cão caminhavam por uma estrada. Depois de muito andar, esse homem se deu conta de que ele, o cavalo e o cão haviam morrido num acidente.

A caminhada era muito longa, morro acima, e o sol estava forte, o que os deixou suados e com muita sede. Precisavam desesperadamente de água. Numa curva do caminho, avistaram um portão magnífico, todo de mármore, que conduzia a uma praça calçada com blocos de ouro, no centro da qual havia uma fonte de onde jorrava água cristalina.

O caminhante dirigiu-se ao homem que, numa guarita, guardava a entrada.

"Bom-dia", cumprimentou.

"Bom-dia", respondeu o outro.

"Que lugar é este, tão lindo?"

"Isto aqui é o céu."

"Que bom que nós chegamos ao céu, pois estamos com muita sede", disse o caminhante.

"O senhor pode entrar e beber água à vontade", respondeu o guarda, indicando a fonte.

"Meu cavalo e meu cachorro também estão com sede."

"Lamento muito", disse o guarda, "mas aqui não se permite a entrada de animais."

O homem ficou muito desapontado porque sua sede era grande, mas ele não beberia deixando seus amigos com sede. Assim, prosseguiu seu caminho.

Depois de muito caminhar morro acima, com sede e cansaço multiplicados, chegou a um sítio cuja entrada era emoldurada por uma porteira velha, semi-aberta.

A porteira se abria para um caminho de terra, com árvores dos dois lados, que faziam sombra. À sombra de uma delas, um homem deitado, a cabeça coberta por um chapéu, parecia dormir.

"Bom-dia", cumprimentou o caminhante.

"Bom-dia", o homem respondeu.

"Estamos com muita sede, eu, meu cavalo e meu cachorro."

"Há uma fonte naquelas pedras", disse o homem, indicando o lugar. "Podem beber à vontade."

O homem, o cavalo e o cachorro foram até a fonte e mataram a sede.

"Muito obrigado", ele disse ao sair.

"Voltem quando quiserem."

"A propósito", perguntou o caminhante, "qual é o nome deste lugar?"

"Céu."

"Céu? Mas o homem da guarita ao lado do portão de mármore disse que lá era o céu!"

"Aquilo não é o céu, aquilo é o inferno."

O caminhante ficou perplexo.

"Mas então", disse ele, "essa informação falsa deve causar grandes confusões."

"De forma nenhuma", respondeu o outro. "Na verdade, eles nos fazem um grande favor, pois lá ficam aqueles que são capazes de abandonar até os melhores amigos."

Quando as pessoas aquecem seu coração, criam laços tão fortes que nem as maiores desgraças do mundo são capazes de abalar, pois nem todo o ouro do universo é capaz de fazer um pai se separar dos filhos, nem toda a diversão deste mundo é capaz de fazer alguém se esquecer das pessoas queridas que ficaram esperando por ele em casa.

Quando as pessoas aquecem seu coração, percebem que a realização de sonhos só dá prazer quando a conquista surge dentro de princípios dignos, com respeito e honestidade.

Há um texto de Chico Xavier que pode ser uma fonte infinita de inspiração para os corações de gelo interessados em ter a própria vida de volta. Ele diz:

> Que Deus não permita que eu perca o romantismo, mesmo sabendo que as rosas não falam.
>
> Que eu não perca o otimismo, mesmo sabendo que o futuro que nos espera pode não ser assim tão alegre.
>
> Que eu não perca a vontade de viver, mesmo sabendo que a vida, em muitos momentos, é dolorosa.
>
> Que eu não perca a vontade de ter grandes amigos, mesmo sabendo que, com as voltas do mundo, eles podem ir embora.
>
> Que eu não perca a vontade de ajudar as pessoas, mesmo sabendo que muitas delas são incapazes de ver, reconhecer e retribuir esta ajuda.
>
> Que eu não perca o equilíbrio, mesmo sabendo que inúmeras forças querem que eu caia.
>
> Que eu não perca a vontade de amar, mesmo sabendo que a pessoa que eu mais amo pode não sentir o mesmo sentimento por mim.
>
> Que eu não perca a luz e o brilho no olhar, mesmo sabendo que muitas coisas que verei no mundo escurecerão meus olhos.
>
> Que eu não perca o sentimento de justiça, mesmo sabendo que o prejudicado possa ser eu.

Que eu não perca a beleza e a alegria de ver, mesmo sabendo que muitas lágrimas brotarão dos meus olhos e escorrerão por minha alma.

Que eu não perca o amor por minha família, mesmo sabendo que ela muitas vezes exigirá de mim esforços incríveis para manter sua harmonia.

Que eu não perca a vontade de doar este enorme amor que existe em meu coração, mesmo sabendo que muitas vezes ele será subestimado e até rejeitado.

Que eu não perca a vontade de ser grande, mesmo sabendo que o mundo às vezes é pequeno.

E, acima de tudo, que eu jamais me esqueça de que Deus me ama infinitamente.

Talvez neste momento algumas lágrimas estejam deslizando por sua face depois de ler esse texto. Gostaria de lhe dizer que lágrimas quentes derretem o gelo de qualquer coração.

As lágrimas por perceber que você perdeu a infância dos seus filhos. As lágrimas de arrependimento por ter magoado as pessoas que você ama. As lágrimas de tristeza por não ter sentido o amor que tantas pessoas dedicaram a você lavarão seus olhos e o ajudarão a enxergar a possibilidade de uma vida nova, cheia de amor e felicidade.

O jeito de essas pessoas se relacionarem...

Agora que você conhece os tipos de personalidade que podem trazer muitos problemas a sua vida, é necessário que saiba que cada um deles tende a se relacionar de forma diferente dentro das diversas esferas sociais.

Por isso é importante que as pessoas envolvidas em um relacionamento tenham a humildade de abrir o coração, assumir seu jeito de se relacionar e discutir, juntas, as opções que têm para evitar sofrimentos desnecessários.

É fundamental que essa conversa não se volte para o passado nem se baseie em acusações de ambas as partes, tornando-se uma sucessão de ameaças sobre o futuro.

O ideal é que cada um fale dele mesmo, mostre ao outro quanto ele é importante e, principalmente, perceba que ninguém tem o direito de querer mudar ninguém a não ser a si mesmo. Digo isso porque, numa mesma família, as pessoas tendem a desenvolver papéis diferentes, e para que todos vivam bem é necessário que cada um descubra o que precisa ser mudado.

No casamento, há duas tendências: a primeira é de que o casal seja muito semelhante, para que um busque no outro o apoio num trabalho comum. Dois protetores do universo, por exemplo, podem ter uma forte tendência para o trabalho social. Vão cuidar de todas as pessoas que aparecerem em sua vida. Vão comprar presentes para os sobrinhos, ajudar os irmãos, cuidar dos sogros, ou seja, de quem precisa deles, mas também de quem não precisa. Em geral, a força desse tipo de casamento está muito mais centrada na amizade que na paixão e no romantismo.

A segunda tendência é de que os parceiros sejam complementares. Nesse caso, uma vítima da vida provavelmente se casará com um protetor do universo. Um deles será o eterno carente, e o outro, o eterno cuidador. Quando isso acontece, o casal freqüentemente tem muitos conflitos, mas também muita paixão. O problema é que, depois de uma sucessão de brigas e apaixonadas reconciliações, um dos dois se cansa e acaba caindo fora.

Já os amigos tendem a ter o mesmo jeito de viver, o que, em geral, amplia a cumplicidade entre eles. Se os dois forem vítimas da vida, por exemplo, poderão conversar bastante sobre "como o Brasil é um país de corruptos", "como os honestos como eles não têm oportunidades", "como está tudo perdido", e assim justificar um para o outro o fato de não fazer nada para assumir o controle da própria vida.

Se os dois forem supercríticos, terão prazer em esmiuçar os defeitos de todo mundo enquanto tomam uma cerveja no bar da esquina. Lógico que, depois de algum tempo, um deles não vai resistir e poderá apontar um defeito do outro. Então serão forçados a pôr fim na amizade e buscar um novo cúmplice. Se não arrumarem outros amigos, porém, poderão reatar a amizade e voltar a compartilhar os defeitos que encontrarem nos outros.

Entre pais e filhos, as relações também tendem a ser complementares. O pai protetor do universo certamente criará o filho para ser a eterna vítima, pois dessa maneira poderá exercer seu papel de cuidador, tentando assumir o controle da vida do filho. O filho vítima, por sua vez, colocará a culpa de seus fracassos nas costas dos pais e, ao mesmo tempo, se aproveitará da necessidade deles de ter alguém para cuidar.

Os pais costumam dar mais atenção ao filho vítima porque a tendência das pessoas é cuidar dos mais desprotegidos. Essa simbiose pode durar a vida inteira, mas em geral alguém se cansa, abandona esse papel e vai cuidar da sua vida.

É importante que você saiba como as relações funcionam para que não repita esses padrões vida afora. Tenha consciência de que, ao decidir mudar, inevitavelmente provocará alterações significativas em seu grupo social.

Se você sempre viveu como a eterna vítima e agora decide assumir suas responsabilidades, começa a trabalhar, toma a atitude de sair de casa ou qualquer coisa do tipo, muito provavelmente causará uma confusão imensa na família.

Se seu pai for o supercrítico do planeta, ele não poderá mais perseguir você e terá três opções: deixar esse papel neurótico e mudar de vida, deslocar seu foco e começar a perseguir sua mãe ou perceber que a vida dele está uma lástima e começar a beber.

Se sua mãe era a protetora do universo e vivia para cuidar de você, ela se verá, de repente, sem ninguém para proteger. Ficará angustiada e o acusará de ser ingrato e egoísta por tê-la abandonado. Ela, que dedicou "toda a vida a você", poderá até passar por uma crise depressiva e culpá-lo disso. Mas também terá novas opções: acordar e passar a se preocupar de verdade com a própria vida, afundar na depressão ou trocar de máscara com você e começar a agir como se fosse a vítima da vida.

Por isso é importante que vocês leiam este capítulo juntos, façam uma reflexão honesta e reconheçam a responsabilidade de cada um na criação dos problemas. Assumam, juntos, o compromisso de crescer, de ser melhores e mais felizes. No fim desse processo evolutivo há muito mais amor e plenitude do que vocês jamais experimentaram.

atenção, os problemas são diferentes!

Capítulo 4

Problemas não são como produtos padronizados recém-saídos de uma linha de produção. Portanto, soluções pasteurizadas geralmente não funcionam. Problemas diferentes exigem métodos diferentes de resolução.

Ainda que todos os problemas causem angústia e preocupação, é preciso entender que eles não são iguais. Sua estrutura é diferente. E, sendo assim, é preciso descobrir a melhor maneira de resolvê-los.

Entender a gênese de cada problema é fundamental para encontrar soluções que realmente funcionem. Muitas vezes um problema não é resolvido justamente porque as pessoas envolvidas não escolhem o melhor caminho para atacá-lo.

Para facilitar sua análise dos tipos de dificuldade que podem atrapalhar sua vida, vamos classificar os problemas em três categorias: problemas imaginários, problemas concretos e dramas reais.

Meu objetivo com isso é ajudá-lo a entender que o drama da morte de uma pessoa querida tem uma estrutura totalmente diferente do problema do executivo que tem medo da morte. Ainda que as duas situações possam trazer sofrimento, a sua gênese é totalmente distinta e as soluções também são diferentes.

É também fazer com que você perceba que a estrutura do problema do pai que não consegue dormir nos fins de semana em que o filho vai a uma festa é totalmente diversa da estrutura do problema da empresária que não consegue dormir porque o filho está internado em um hospital com uma doença grave.

Vamos ver isso mais de perto.

Imagine um empresário multimilionário, com quantias enormes no banco, que se sente inseguro por achar que seu dinheiro não será suficiente para pagar seus compromissos financeiros com outro homem de negócios que, concretamente, não tem dinheiro para pagar as próprias dívidas e está ameaçado de falência.

O primeiro tem de procurar um psicólogo para ajudá-lo a parar de se preocupar com problemas que não existem. A dificuldade está apenas na cabeça dele, pois ainda que possua todo o dinheiro do mundo continuará se sentindo inseguro. Em outras palavras, esse problema não vai ser resolvido com mais dinheiro, e sim com mais confiança na vida.

Já o outro, que tem dívidas maiores que sua capacidade de pagamento, precisa procurar urgentemente um consultor financeiro ou um advogado porque tem um problema concreto para administrar.

Se o empresário que tem problemas imaginários procurar um advogado, esse profissional não atacará o centro da questão. Se o empresário ameaçado concretamente de perder todos os bens que acumulou na vida procurar um psicólogo, correrá o risco de perder um tempo que seria precioso para resolver seu problema real.

Portanto, aqui vai a primeira regra: **problemas imaginários necessitam de soluções psicológicas, enquanto problemas concretos precisam de soluções concretas.**

Às vezes, porém, a vida nos coloca diante de outro tipo de problema: os dramas reais, acontecimentos que se derramam sobre as pessoas como terríveis tempestades, causando uma interrupção brusca na vida e destruindo projetos futuros.

O que quero dizer é que mesmo uma situação dolorosa como o fim de um casamento tem uma estrutura diferente de um drama como a perda de um filho ou da saúde.

Apesar de a dor de uma separação parecer infinita, há sempre a possibilidade de construir um novo casamento, talvez muito melhor que o anterior. No entanto, quando alguém perde um filho ou uma parte do corpo, essa perda é definitiva, irreversível.

Você pode estar sofrendo porque sua empresa faliu ou porque está desempregado, mas se você souber elaborar direito essa dificuldade daqui a algum tempo poderá ter uma empresa muito melhor ou ocupar uma função mais prazerosa e rentável.

Mas o pai que perdeu o filho nunca mais o terá de volta. A sensação da perda vai acompanhá-lo cada dia de sua vida. O atleta que perdeu os movimentos nunca poderá voltar a jogar como antes. Os pais cuja filha nasceu com síndrome de Down nunca terão a filha com que sonharam.

Esta é a grande diferença entre problemas concretos e dramas reais: nos dramas reais a perda é definitiva!

E para superar essa perda e voltar a ser feliz é preciso ser capaz de elaborar a transformação.

Se o pai que perdeu o filho passar a vida inteira revoltado, se o atleta que perdeu os movimentos não souber lidar com as novas limitações do corpo, se os pais não aceitarem a filha que nasceu com síndrome de Down, a amargura tomará conta dessas vidas.

Eu tive a experiência de enfrentar um drama real na minha vida. Quando começaram as primeiras manifestações de que o desenvolvimento neurológico do meu filho Leandro não estava ocorrendo como devia, meu primeiro impulso foi fazer todo o possível para que ele tivesse condições de evoluir como as outras crianças.

Apesar de ter conseguido que ele sobrevivesse ao primeiro ano de vida, prazo dado pelos médicos que o tratavam, a única vitória aceitável para mim era que ele não apenas sobrevivesse, mas fosse uma criança tão ou mais inteligente que as outras.

À medida que o tempo passava e o desenvolvimento dele não evoluía como era esperado, meu desespero aumentava e minha obsessão por uma solução que resolvesse esse problema trazia mais angústia que esperança. Aos poucos, o desespero foi se transformando em raiva dos médicos, que não conseguiam fazer com que meu filho fosse normal.

Quanto mais angústia e raiva eu tinha, sem perceber, mais eu me distanciava do meu filho. Tentei todas as alternativas possíveis: benzedeira, massagista, acupuntura, homeopatia. E, cada vez que um tratamento não surtia o efeito que eu tanto esperava, minha revolta aumentava.

Nenhum dos profissionais envolvidos no tratamento dele — médicos, psicólogos, fisioterapeutas, terapeutas ocupacionais, fonoaudiólogos — conseguia me dizer que o Leandro não seria uma criança como as outras. E eu, na minha ilusão, lutava desesperadamente para encontrar uma forma de fazer com que ele se tornasse o que eu queria que ele fosse. Até que um dia a fisioterapeuta dele saiu de férias e as sessões tiveram de ser feitas com uma substituta.

A primeira sessão foi péssima. Leandro não fez os exercícios, eu estava sem paciência e no final da sessão, o mais carinhosamente que pude, disse a ele: "Filho, hoje à tarde vamos descansar para amanhã você fazer todos os exercícios e poder crescer normalmente".

A fisioterapeuta olhou para mim com espanto e disse: "Doutor Roberto, o senhor é médico, sabe que seu filho nunca vai ser uma criança como as outras. Ficar com essa expectativa só vai atrapalhar o tratamento dele. O senhor sabe que ele não vai ser uma criança normal, não é?"

Engoli minha dor, fiz um sinal de concordância com a cabeça e saí com o meu filho da sala o mais rápido que consegui. Depois de colocá-lo no banco de trás do carro e de pôr o cinto de segurança nele, apoiei minha cabeça no volante e chorei o choro mais sentido da minha vida! Tentei chorar o mais silenciosamente possível para não transmitir meu sofrimento a ele, mas a dor esmagava meu coração.

É claro que eu, como médico, sabia que meu filho não seria uma criança como as outras, mas a esperança me acompanhava o tempo todo. Durante alguns dias fiquei em estado de choque, cumpri minhas obrigações profissionais com a maior dignidade que pude, mas na verdade por dentro me sentia como um zumbi.

Esse estado de espírito durou algumas semanas, até a noite em que cheguei tarde em casa e ele já tinha ido dormir. Fui ao quarto dele dar-lhe um beijo de boa-noite.

Quando cheguei perto dele e olhei aquele rosto tão bonito e puro, foi como se pela primeira vez estivesse vendo meu filho de verdade. Naquele momento, pela primeira vez desde que ele nasceu, meu amor foi maior que minha angústia. E aí começou um profundo processo de aceitação entre nós.

Naquele dia descobri que meu filho não seria uma criança excepcional, mas uma pessoa especial. Como cada um dos meus outros filhos, ele era diferente e único. Quando meu coração descobriu isso, pude, pela primeira vez em muito tempo, ver meu filho como um amigo de verdade.

Hoje eu tenho muito orgulho do Leandro porque sei que ele é um vencedor. Não porque entrou na faculdade, como os garotos da sua idade, mas porque sabe lutar pelas coisas que quer com muita força e determinação.

Um drama de verdade exige uma elaboração diferente daquela dos problemas concretos. Quem sofre um drama real terá de passar por ele como Cristo passou por seu calvário: com muita força interior, para sair do sofrimento renascido e com mais sabedoria no coração.

Note que não estamos comparando o tamanho da dor de ninguém! Cada um com seu problema, seja ele do tamanho que for, sente uma dor que é a maior do mundo. E temos de respeitá-la. O que precisamos perceber é que cada problema tem de ser entendido de uma forma singular para que se possa realmente resolvê-lo.

Em linguagem simbólica, podemos dizer que problemas imaginários precisam de psicólogos, problemas reais, de advogados e médicos e dramas reais pedem sacerdotes.

É fundamental entender a estrutura de cada um deles porque a melhor solução para um tipo de problema pode ser totalmente inadequada para outro. Vamos analisá-los separadamente nos próximos capítulos.

problemas imaginários

Capítulo 5

É provável que você tenha um amigo ou conheça alguém que vive reclamando porque não sabe mais o que fazer com a filha de 15 anos. A queixa dele é de que a menina chega muito tarde em casa e o deixa tão preocupado que ele não consegue dormir.

Quando você faz perguntas sobre a moça, percebe que ela é uma adolescente normal, como milhões de outras: uma menina que vai a festas com os amigos para se divertir, alguém que está descobrindo o prazer de viver a sua vida, conhecer gente diferente e ficar acordada até tarde. Você diz isso ao seu amigo na tentativa de tranqüilizá-lo, mas a reação dele é instantânea: "Mas e se algo de ruim acontecer com ela?"

Bem, a possibilidade de que um problema venha a surgir sempre existe, mas isso está fora do controle de qualquer pai. Tudo o que ele pode fazer para evitar uma situação dessas é conversar aberta e sinceramente com a filha. Aconselhá-la e confiar nela. Aliás, essas conversas deveriam ter acontecido nas noites em que a menina ainda ficava em casa.

Talvez, na verdade, ele se sinta culpado por não ter acompanhado o crescimento da filha como deveria. Pode ser que sinta remorso por ter sido omisso ou insegurança por ser o tipo de pai superprotetor, que quer viver a vida da filha e não consegue aceitar o fato de que ela está assumindo o controle dos próprios atos.

Seja qual for o motivo, não será resolvido se ele ficar acordado de madrugada esperando a filha voltar de uma festa, muito menos se fizer com que ela se sinta culpada por sua insônia. Ficar acordado é um problema exclusivo dele. Para deixar claro: **o problema não é a adolescente chegar tarde em casa, e sim o pai ficar acordado por preocupação.**

Vou dar outro exemplo que deve ocorrer em muitas famílias e ilustra bem o que é um problema de ordem unicamente imaginária.

A cena é sempre a mesma: no domingo de manhã, sua esposa lhe pergunta se você quer almoçar na casa da mãe dela. Você gentilmente aceita. Logo depois, o telefone começa a tocar insistentemente na sua casa, e você tem certeza de que é a sua sogra, nervosa com alguma coisa. Você, no seu canto, pensa: "O que será desta vez?" No caminho você se pergunta: "Será que o problema é de novo o tomate?" Bingo!

Quando você chega lá, ouve aquele desabafo angustiado: "Quase que o almoço não saiu!"

Você pergunta, pacientemente: "Mas por quê, dona Suely?"

"Faltou o tomate! Logo depois de acertar que vocês viriam almoçar, eu me lembrei de que você adora tomates. Fui ver se tinha tomate em casa, mas você sabe como é a Marlene, os tomates que ela comprou na feira não estavam bons. Então liguei para todas as minhas filhas para ver se uma delas tinha tomates no ponto, mas quem tinha o tomate bom não podia trazer aqui. Aí eu pedi ao seu sogro para ir ao supermercado comprar tomates. Mas você sabe como é o seu sogro! Ele comprou tomates passados! Pedi que ele voltasse lá e escolhesse tomates melhores. Mas você sabe como é a boa vontade dele! Resultado: tive de ir lá escolher os tomates. Mas você sabe como são os supermercados hoje em dia: não têm nada que preste! Resumo da história: hoje não tem tomate na salada, porque eu não vou servir qualquer coisa para você."

A essa altura do campeonato, você está se sentindo um crápula por dar tanto trabalho a uma pobre velhinha! E, pior, você imagina como estará a fofoca na família, com todo mundo comentando como você é fresco! Você até ouve seu cunhado comentar com a esposa no intervalo da leitura do jornal de domingo: "Mas esse cara é folgado! Dar esse trabalho para todo mundo só porque 'a boneca' quer comer tomate!"

Agora me diga: será que existe um problema concreto quando sua sogra se estressa porque os tomates não estão perfeitos para o almoço de domingo? Tudo bem que seja importante para ela ter o tomate perfeito para servir no almoço, mas, provavelmente, se ela tiver os melhores tomates do mundo na geladeira, descobrirá outro ingrediente que está faltando.

Na verdade, os tomates são apenas um símbolo da insegurança e da solidão que ela sente. O mais importante é saber que esse problema não se resolverá com tomates, alfaces e rúculas. A mudança tem de acontecer na cabeça dela!

Lógico que também há o fato de que muitos filhos, que visitam os pais apenas por obrigação, não conseguem perceber o amor nos pequenos cuidados que seus pais têm com eles. Então os pais ficam angustiados e tentam fazer de tudo para chamar a atenção das pessoas que amam. No fundo, querem agradar, mostrar como são dedicados aos filhos, aos netos e aos genros. Querem, em síntese, ser amados, mas infelizmente os almoços não têm a alegria dos encontros de pessoas que se amam.

Quase todo mundo tem uma avó insistente, que fica o tempo todo oferecendo bolo, doce, café e, por mais que as pessoas recusem, sempre pergunta mais uma vez: "Não quer mesmo, meu filho? Fiz especialmente para você".

A insistência às vezes irrita, é verdade, mas se você olhar sua avó nos olhos perceberá que o intuito dela não é irritá-lo, pelo contrário. Tudo o que ela deseja é ver você feliz. Mas não há dúvida de que tudo isso tem de ser feito com carinho e sem dramas.

Mais um exemplo. Você tem um amigo rico cujo esquema de segurança é impecável, com carro blindado, prédio ultraprotegido com o que existe de melhor e guarda-costas supertreinados, mas apesar disso a sensação de insegurança dele é absurda. Cuidar da segurança, para ele, virou obsessão.

É claro que, apesar de todos os cuidados, sempre poderá acontecer um seqüestro, mas o medo dele não será resolvido com mais guarda-costas nem com mais blindagem nos carros! Esse problema está instalado dentro da cabeça do seu amigo e, enquanto ele não resolver a origem desse medo, nenhum sistema de segurança lhe propiciará uma noite tranqüila de sono.

Na verdade, o maior problema não é o risco em si, mas o medo que ele sente de que algo ruim possa acontecer. Esse medo faz com que ele viva um drama que existe apenas na cabeça dele. E problemas que só existem na imaginação não são resolvidos com soluções concretas! Soluções concretas, nesse caso, são soluções materiais. Ir à terapia não deixa de ser uma solução concreta, mas nós a chamaremos de solução psicológica.

É bem possível que, em sua infância, você tenha vivido situações de medo que não se concretizaram. Quantas vezes sofreu diante da perspectiva de que seu pai lhe desse umas palmadas por alguma travessura que você cometeu? Eu arrisco dizer que você vez ou outra pode até ter tomado umas palmadas de seu pai, mas a dor propriamente dita foi muito menor que o sofrimento que viveu na imaginação.

Eu mesmo passei por isso. Meu pai nunca me bateu, mas o medo que eu sentia de que ele me batesse fazia com que eu imaginasse várias vezes as palmadas que iria levar. **Assim, meu pai nunca me bateu, mas eu apanhei muitas vezes dele!**

Vamos pensar melhor então nos exemplos que demos.

No caso do pai da adolescente, é fundamental que ele encontre uma forma de lidar com o medo de que algo ruim aconteça com a filha. Ele precisa elaborar a culpa de não ter sido um pai presente, se a tiver. Deve refletir sobre o fato de que agora é a vez de ela aprender a cuidar da própria vida. E, principalmente, levar em consideração que a partir da adolescência mudam as formas de relacionamento entre pais e filhos.

No caso da sogra que faz tempestade em copo d'água, será necessário que ela faça uma revolução em sua vida. Quando os filhos crescem, várias das atividades que a mulher tinha em casa deixam de existir. Se esse espaço vazio não é preenchido, a tendência é que a mulher o preencha com angústias que não têm razão de existir, preocupando-se com coisas que realmente não têm importância. E dessa forma ela acaba irritando, contrariando e afastando as pessoas que gostaria de ver sempre perto dela. Pior ainda, fica presa ao passado, lembrando-se de quando a vida parecia ter mais sentido porque ela desempenhava um papel importante, acompanhando o crescimento e os estudos dos filhos. Alimentará uma nostalgia que a tornará triste e amargurada.

Lembre-se: ficar revivendo o passado é o primeiro passo para a depressão! O caminho é construir um novo projeto de vida, no qual o mundo não se limite às paredes da casa.

Talvez o tamanho do mundo possa assustar inicialmente, mas mais adiante a pessoa sentirá muito orgulho de ter tido coragem de abrir as portas para que coisas novas acontecessem em sua vida. E, principalmente, poderá conversar com as pessoas que ama utilizando esse novo conhecimento, sem se sentir inadequada.

Se você se identificou com o exemplo daquele amigo com medo exagerado de que algo ruim aconteça, é importante que analise os motivos desse medo. Como ele nasceu? Será que veio da culpa injustificada de ter ficado rico, enquanto seus amigos de infância ou irmãos não o conseguiram? Veio da sensação de que você não é digno do que conquistou? Será que esse medo não está ligado a crenças negativas sobre dinheiro, como as de que "pessoas ricas são infelizes" ou "dinheiro traz problemas"?

A explicação dos medos pode ter muitas origens. O importante é que a pessoa saiba perceber quando essa sensação está fora de controle e se volte para si mesma, à procura das respostas para esse descompasso entre real e imaginário.

Lembre-se de que se você deixar de fazer algo pressionado pelo medo a tendência será de que ele o domine e o deixe prostrado diante dos acontecimentos da vida. Não há nada de errado em sentir medo! Essa é uma reação que qualquer animal tem, uma espécie de instinto de proteção, mas em proporções anormais o medo enfraquece o ser humano.

Se você sentir medo de algo, compartilhe-o com as pessoas envolvidas naquela situação. Essa atitude é muito melhor do que dar uma desculpa esfarrapada. As mentiras farão com que essas pessoas percam a admiração que sentem por você ao perceber que não é capaz de assumir suas fraquezas.

Não se esqueça de que esse medo é imaginário e só continuará existindo enquanto você o alimentar! Embora existam outros componentes, em síntese, é isso. O medo é como uma sombra, um inimigo cruel e persistente que nos acompanha mesmo na claridade.

Entretanto, não é porque os problemas são imaginários que simplesmente vamos ignorá-los e dizer: "Esqueça-os". Quando a criança tem medo do escuro, os pais não devem ignorar esse medo nem ridicularizá-la. Muito pelo contrário! Têm de agir de forma a que a criança adquira segurança, entenda que bicho-papão só existe nos livros e aprenda a enfrentar o desconforto de estar no escuro. Se não for assim, é possível que esse medo, lá na frente, se transforme em algum tipo de neurose mais difícil de resolver.

A solução para os problemas imaginários, portanto, não é fazer pouco deles, mas buscar suas reais dimensões para que não nos atormentem nos momentos em que mais precisamos de paz.

O medo que a pessoa tenta esconder, negar ou camuflar geralmente aparece nos momentos mais impróprios: é o branco do estudante na hora do vestibular, a tremedeira do atleta na prova que poderia lhe dar a tão sonhada medalha olímpica, a gagueira do novo diretor de marketing ao apresentar seu plano na primeira reunião do conselho.

É tudo imaginário, é verdade, mas se essas fragilidades não forem levadas a sério poderão impedir que muitas coisas boas e concretas ocorram na sua vida ou se transformarão em problemas pesados de carregar.

Agora que você fez uma análise das suas preocupações e chegou à conclusão de que vive soterrado por uma série de problemas imaginários, talvez esteja se perguntando: "Mas o que é que eu posso fazer para me livrar desses problemas?" Fique tranqüilo! Todo problema tem solução, inclusive os imaginários!

soluções para
os problemas imaginários

Capítulo 6

A partir de agora vamos pensar juntos em algumas atitudes que podem ajudá-lo a mudar sua maneira de viver, de forma que os problemas imaginários não transformem sua vida em uma sucessão infinita de preocupações.

A maior característica da pessoa que sofre com os problemas imaginários é torturar-se com preocupações. Ela fica apreensiva com tantas coisas, mas no dia seguinte, ao analisar o que aconteceu na noite anterior, sempre chega à mesma conclusão: "Eu me preocupei à toa! Fiquei sem dormir, briguei com a minha filha e no fim das contas não tinha nenhum motivo para me angustiar". Quem se torturou durante semanas por medo de que o avião em que o filho ia viajar sofresse um acidente um dia depois da viagem vai se dar conta de que se preocupou desnecessariamente.

Já que a pessoa está se preocupando inutilmente, como fazer para tirar as nuvens do caminho das estrelas? Nesse tipo de problema o primeiro passo é seguir o conselho mais dado por muita gente: "Tire esse problema da cabeça!" Como? É o que veremos a seguir.

Defina a real dimensão do problema

Um bom modo de enfrentar um problema imaginário é perceber se a sua reação é proporcional ao estímulo que você recebeu.

Entendo que você esteja preocupado, mas será que é preciso ficar acordado e brigar com sua filha toda vez que ela chega com um namorado novo? Você gostaria de preparar um almoço perfeito para o seu convidado. Mas será que vale a pena ficar angustiado com a falta de algum ingrediente? Você é uma pessoa rica e importante. Mas é necessário tornar-se um escravo da sensação de insegurança por isso?

Você pode dizer: "Mas, Roberto, eu me preocupo com a minha segurança porque hoje em dia todo mundo vive apavorado com a insegurança no Brasil".

Isso é verdade. No entanto, depois de tomar todas as precauções, a única solução é entregar a Deus, senão a vida se transforma num inferno.

É claro que um desastre pode acontecer com um de nós a qualquer momento, mas se sofremos por antecipação estamos vivendo uma catástrofe todos os dias mesmo que ela não aconteça na realidade. Em vez de ser vítima de um seqüestro físico temporário, você poderá se tornar vítima de um seqüestro psicológico perpétuo.

A questão é pensar, analisar e procurar responder racionalmente: "O que acontecerá de ruim se eu dormir enquanto minha filha estiver na rua se divertindo?" E principalmente: "Será que sofrer por antecedência evitará que algo terrível me aconteça?"

Portanto, tome as precauções necessárias, faça o que estiver ao seu alcance, mas aprenda a relaxar e a não dar ao seu problema uma dimensão maior do que ele tem.

Criar um drama que não existe é o maior de todos os problemas. Perceber que estamos alimentando preocupações imaginárias é um passo fundamental para livrar nossa vida de problemas desnecessários.

Se você concluiu que seus problemas são realmente imaginários, é chegado o momento de começar a olhar para dentro de si mesmo e assumir que a fonte de seus problemas são seus medos, e não algo que está acontecendo lá fora.

Compartilhe o seu medo de verdade

Todo problema imaginário começa com um medo imaginário. O que faz esse problema se perpetuar é que a maioria absoluta das pessoas, em vez de assumir o medo, prefere escondê-lo. Existem várias formas de esconder o medo, algumas das quais inconscientes.

A mulher benemérita que vive cuidando da mãe, apesar de ela não precisar de tantos cuidados, pode fazer isso para não ter de enfrentar o medo de se abrir para o mundo.

Os obesos que comem em excesso podem usar essa atitude como desculpa para não enfrentar o medo de sair para se divertir ou arranjar um companheiro.

As pessoas que trabalham compulsivamente podem usar esse artifício para não enfrentar o medo da solidão que sentem mesmo quando estão em casa com o cônjuge.

O profissional que vive brigando com os colegas de trabalho pode usar isso como estratégia inconsciente para esconder seu medo de ser superado nos desafios da carreira.

Existem infinitas formas de esconder o medo! E compartilhá-lo com as pessoas envolvidas é a maneira mais eficiente de desmascará-lo, criando-se assim a condição básica para superá-lo.

Pense bem! Para a filha, é inteiramente diferente tomar uma dura do pai por estar chegando tarde da noite em casa ou compartilhar com o pai preocupado e carinhoso, numa conversa de fim de tarde, o medo de que alguma coisa ruim lhe aconteça.

Ainda assim, é importante que esse pai saiba que, depois de uma conversa franca e honesta, a filha não vai necessariamente mudar seu comportamento. Essa não é a solução! A solução é que o pai assuma o próprio medo e o enfrente com coragem e determinação até que ele vá embora.

Há vendedores com grande potencial que não alcançam o sucesso por viver presos a medos imaginários. Vendem pouco porque têm medo de que o cliente rejeite uma proposta mais ousada. São profissionais que pensam: "Ah! Mas ele já tem um fornecedor desse produto, se eu tentar lhe oferecer algo mais, é possível que se sinta pressionado e não queira mais meus serviços". Têm um medo imaginário que os paralisa, transformando-os em vítimas da mediocridade.

A solução, para esse tipo de vendedor, é descobrir a raiz desse medo e, de preferência, compartilhá-lo com alguém de sua confiança para que saiba como eliminá-lo. Só assim ele será capaz de crescer profissionalmente e alcançar o sucesso desejado.

Encontre algo realmente importante para fazer

Quase todo mundo já teve essa sensação: quando estamos ocupados com algo que nos dá prazer e nos absorve de corpo e alma, dificilmente damos muita importância aos contratempos do dia-a-dia. No entanto, quando a vida fica meio vazia, as atividades são muito monótonas e o cotidiano parece sempre pálido, em geral começamos a enxergar problemas que em outras ocasiões jamais nos incomodariam.

É mais ou menos o que acontece com a mãe cujos filhos estão criados, mas continua se preocupando com a alimentação adequada deles. A saída, para ela, talvez seja encontrar algo realmente importante para fazer e empregar suas energias em benefício de outras pessoas ou de alguma causa que a faça sentir-se importante e reconhecida.

Outro exemplo é o da mãe neurótica com a higiene dos filhos, até o dia em que arruma um emprego que lhe toma quase todo o tempo. Depois disso, dar banho nos filhos e trocá-los deixa de ser uma preocupação para ser uma atividade normal. Ela enfim compreendeu que há outras coisas mais importantes com que se preocupar na vida.

Ser feliz não é viver sem problemas, e sim empregar nossas energias e nossa fé em atividades que criem sentido para nossa vida!

Pare um pouco e pense: o que você faz todo dia para que a sua vida tenha um significado maior e não pareça apenas uma sucessão interminável de tarefas enfadonhas e desimportantes?

Quem leva uma vida vazia acaba se tornando um peso na vida dos outros: a toda hora liga para comentar um seqüestro que viu na televisão ou lembrar ao filho que a meteorologista avisou que vai chover, vive dando opinião no casamento da filha e pondo defeito nos filhos dos outros.

Talvez seja duro para você ouvir isso, mas essas atitudes são típicas de quem não tem o que fazer!

Viktor Frankl diz que a neurose nasce da falta de sentido na vida das pessoas. Ele tem razão. E o pior é que a falta de sentido se torna mais evidente quanto menos problemas concretos a pessoa tem.

Crie um sentido para a sua vida!

Como diz a sabedoria popular, "cabeça vazia é oficina do diabo".

A lavadeira de roupas que mora na favela tem o problema concreto de precisar ganhar dinheiro todos os dias para alimentar seus filhos. Essa luta diária vai lhe dar paz na hora de dormir.

Entretanto, a dona de casa de classe alta que já criou os filhos e não encontrou nada significativo para fazer na vida tem mais facilidade de viver angustiada com problemas que não existem.

O ser humano tem a tendência natural de criar problemas imaginários quando suas necessidades básicas de sobrevivência estão supridas. Enquanto se luta para comer, ter um teto e criar os filhos, a probabilidade de ter problemas imaginários é menor. Quando, porém, se atinge determinado nível econômico e não se criam projetos e novos desafios, a tendência é preencher esse espaço com problemas imaginários.

Portanto, se você ainda precisa cuidar de sua sobrevivência e de seus filhos, trabalhe, estude, durma bem, divirta-se e concentre-se nas coisas saudáveis da vida para que as portas de sua mente não se abram a convidados indesejáveis.

E, se você já tem uma vida mais bem estruturada profissional e financeiramente e já criou seus filhos, procure algo mais nobre com que se preocupar.

Uma palavra final sobre esses tipos de problema: não os subestime. Enquanto os problemas concretos são mais fáceis de identificar, os imaginários podem ficar bem escondidos na alma, sem que a pessoa se dê conta deles nem de como são destrutivos. É como lutar com fantasmas que, apesar de existir apenas em nossa imaginação, quando ocupam um espaço temos de destruí-los com o cuidado de um neurocirurgião.

problemas concretos

Capítulo 7

Seu carro quebrou, sua filha ficou doente, sua empregada desapareceu sem avisar, sua empresa perdeu vários clientes, seus funcionários estão desanimados, você não tem dinheiro para pagar as contas.

Tenho certeza de que você é capaz de perceber que está diante de problemas muito concretos. Se não consertar o carro ficará sem condução, se não levar a filha ao médico corre o risco de ela piorar, se não arrumar alguém para ficar com seus filhos amanhã você não poderá trabalhar. Para resolvê-los de verdade será preciso uma boa dose de ação, pois, como já vimos, problemas concretos exigem atitudes concretas.

Quando a situação está ruim, ficar adiando as atitudes que precisa tomar pode dificultar ainda mais sua vida. Portanto, a primeira dica para quem está vivendo um problema real é: pare de enrolar e vá à luta!

Minha mãe era uma pessoa muito simples. Nunca chegou a ir à escola. O pouco conhecimento formal que possuía foi adquirido em algumas aulas particulares que teve com a diretora da escola onde seus filhos estudaram. Mas tinha uma sabedoria intuitiva maravilhosa!

Quando estávamos angustiados com um problema que exigia solução concreta, ela nos olhava firmemente e dizia: **"Pára de cozinhar o frango e resolve logo esse negócio!"** Ela dizia que havia pessoas que passavam a vida cozinhando o frango, tanto que, ao se dar conta, o frango já estava queimado e não servia nem mesmo para uma canja.

Havia muita sabedoria nessas palavras de minha mãe! Na maioria das vezes, em lugar de resolver o problema, a pessoa cria um drama desnecessário que faz a situação parecer muito pior do que é de verdade.

Você foi demitido na semana passada e ainda está em choque com a surpresa da notícia. Está assustado com a possibilidade de ficar muito tempo sem emprego e, por isso, ter de gastar todas as suas reservas. Está magoado com seu chefe porque acha que ele traiu sua confiança. Você imagina que ele poderia tê-lo avisado da possibilidade de demissão. Nem sequer se lembra das inúmeras vezes em que ele fez comentários sobre o fato de seus resultados estarem ruins.

Mergulhado nessa agitação, você não faz o mais importante: organizar um plano para buscar a recolocação ou, quem sabe, aproveitar e montar a empresa de contabilidade que você deseja há anos. Não realiza a tríade de quem tem algo concreto a resolver: decidir, planejar e fazer!

Você está totalmente desorientado porque sua esposa resolveu separar-se depois de tantos anos juntos. Na sua dor, fica se culpando por tudo o que poderia ter feito e não fez. Aproveita para odiá-la o mais possível por tudo o que você acha que ela lhe fez de mal. Tem raiva porque a considera egoísta por só ter pensado nela. Imagina que provavelmente neste momento ela não sente nem um pingo de tristeza pelo fato de o casamento ter acabado. E a sua dor é tão grande que a única maneira que encontra para suportá-la é beber. Não percebe que a bebida o deixa mais angustiado e muitas vezes deprimido. Como dorme tarde, não consegue cumprir o horário de trabalho. Como está com raiva dela, não visita os filhos.

Nessa hora, se dona Benedita, minha mãe, estivesse por perto, diria: "Pára de cozinhar o frango e resolve logo esse negócio!" Isso mesmo. Por mais que doa, é hora de parar, analisar a situação, fazer um plano de emergência e resolver o problema.

Se você perceber que seu amor por ela é maior do que imaginava, vá à luta e procure reconquistá-la. Mas, se já lutou com todas as forças para reconquistá-la e não conseguiu, aceite a decisão dela e deixe de ser um peso na vida de sua ex-mulher.

Abençoe-a por ter tido a coragem de buscar o que é melhor para ela e faça o mesmo por você. Lembre-se de que se você realmente quer ser feliz no casamento precisa de alguém que de fato queira estar ao seu lado!

Quantas vezes as pessoas me procuram perguntando: "Roberto, o que eu posso fazer para conquistar a minha mulher de volta? Eu já fiz de tudo e ela não me quer". Bem, se você já fez de tudo, é hora de fazer a única coisa possível para se permitir ser feliz no amor: dar adeus ao passado e abrir o coração para um novo relacionamento. Pare de cozinhar o frango e vá à luta! Pare de esperar por alguém que não quer mais ficar com você, planeje uma estratégia para encontrar um novo amor e batalhe por isso.

Lembre-se: quando você tem um problema real, por pior que seja a situação, sempre existe a possibilidade de resgatar o que perdeu!

"Mas, Roberto, o casamento com a mulher que eu amava acabou!" Fique tranqüilo! Se você agir com sabedoria e determinação, daqui a algum tempo poderá comemorar um amor muito mais pleno e maduro.

"Mas, Roberto, meu problema não é sentimental. Minha empresa faliu!" Você também, se aprender as lições dessa derrota e souber organizar melhor um novo negócio, poderá ter mais alegria no próximo empreendimento.

Se você está desempregado, quem sabe daqui a algum tempo possa ocupar um novo cargo, com muitas oportunidades de crescimento. O importante é seguir sempre lutando para realizar seus sonhos!

Fracasso não é simplesmente sofrer uma derrota. Fracasso é desistir de lutar. Enquanto você lutar, o jogo estará acontecendo. Você pode até estar perdendo, mas sempre existe a possibilidade de virar o jogo. No entanto, quando desiste de lutar, você decreta que não haverá mais jogo. E, sem jogo, não há possibilidade de vitória.

Não confunda derrotas com fracasso nem vitórias com sucesso. Na vida de um campeão sempre haverá algumas derrotas, assim como na vida de um perdedor sempre haverá vitórias. A diferença é que, enquanto os campeões crescem nas derrotas, os perdedores se acomodam nas vitórias.

Uma árvore precisa de podas para crescer mais forte. A poda permite que a árvore retome o seu vigor porque ela perde galhos que não têm mais função. Galhos que simplesmente ocupam espaço e bebem sua seiva sem nada dar em troca.

Infelizmente, a maioria das pessoas acha que ser feliz é não ter problemas e por isso elas não experimentam o sabor da vida. As pessoas que eu admiro não são aquelas que não tiveram problemas, mas aquelas que souberam administrar problemas gigantescos e depois de superá-los falam deles com um sorriso nos lábios.

Portanto, se você tem problemas reais, procure enfrentá-los com coragem. Trace uma boa estratégia para resolvê-los e mãos à obra.

soluções para resolver
problemas concretos

Capítulo 8

Quando perceber que está enfrentando um problema concreto, você precisa ter em mente que a única saída é arregaçar as mangas e se preparar para agir. Os problemas concretos, embora às vezes sejam imensos, têm uma grande vantagem: são muito claros e, depois de resolvidos, não deixam rastros. É importante, contudo, cuidar deles com muita atenção para que saiam de sua frente. Vamos então falar desses cuidados...

Ataque-o agora!

Sempre que você deparar com um problema concreto, ataque-o de frente. No início, tudo é mais fácil de resolver. Quanto mais tempo você demorar para enfrentar o problema, mais ele tende a se complicar.

É o caso do empresário endividado. No início, apesar de as dívidas serem altas, o patrimônio ainda é maior que o passivo de suas obrigações. Se, porém, ele deixar essas dívidas crescerem com a velocidade dos juros bancários, quando finalmente decidir administrá-las, vai se surpreender ao descobrir que elas se tornaram maiores que o seu patrimônio.

Outro exemplo dramático é o da mulher que descobre um caroço no seio e fica com medo de procurar um médico e descobrir que está com câncer. A cada dia que passa aumenta a possibilidade de o prognóstico ser pior! "Ah, mas e se for somente um problema hormonal?" Ótimo! Tomara que seja mesmo, mas faça o tratamento indicado e afaste da cabeça a possibilidade de um câncer!

Problemas adiados, além de ter tendência a piorar, consomem muita energia e atrapalham a vida!

Enquanto não são resolvidas, essas pendências ocupam espaço na mente, atormentam o dia-a-dia e, não raro, criam outros problemas.

Você tem um problema no seu casamento, mas adia a hora de enfrentá-lo. Quanto mais adia, mais ele vai aumentando. O pior é que dali a pouco esse problema começa a interferir no seu trabalho. Você perde a concentração, comete muitos erros por distração e logo está ameaçado de perder o emprego.

Resolva esse problema para que ele não drene suas energias. **Uma dificuldade mal resolvida invade a sua vida como uma nuvem em um dia de sol.** Você vai ao cinema para relaxar e quando se dá conta está há vários minutos sem prestar atenção no filme, sofrendo com o problema. Você sai para passear com a família e quando percebe lá está o problema a rondar seus pensamentos, tirando sua alegria e o prazer de viver.

Além disso, um problema que está apenas começando tem mais chance de ser resolvido porque ainda pode ser visto com os olhos do novo. Seu filho não está indo bem na escola? Você e sua esposa estão distantes? Os clientes estão indo embora? Você perdeu o prazer de trabalhar em sua empresa?

Quando percebidas pela primeira vez, essas novidades são estranhas na sua vida e, portanto, retomar o rumo anterior é muito mais fácil. Já depois de algum tempo as pessoas tendem a pensar: "Sempre foi desse jeito", "Casamento é assim mesmo", "Toda empresa tem problemas", e por aí vai.

Portanto, reúna toda a sua coragem e enfrente o problema quanto antes! Não permita que ele cresça, não espere que ele se complique. Ataque-o agora!

Delimite o problema

Não deixe que seu problema se transforme em um drama imaginário. Muitas pessoas dificultam a resolução de um problema porque acabam criando problemas imaginários em cima de problemas concretos. Na linguagem popular, elas "viajam na maionese".

Você descobre que seu filho está fumando. Esse é um problema real. Cigarro realmente faz muito mal à saúde, é uma droga que vicia. Portanto, deve ser assunto de uma longa conversa e acompanhado bem de perto. Mas você dramatiza tanto a situação e fica tão preocupado que imagina que em breve o garoto começará a usar maconha e depois drogas ainda mais pesadas.

Agora você já começou a criar problemas imaginários! Pior: vai infernizar a vida de seu filho com problemas que só existem na sua cabeça e se angustiar com preocupações irreais.

A maioria das pessoas aumenta a dimensão dos problemas de tal forma que perde a noção da realidade!

Você foi demitido. Essa é uma situação real que terá de enfrentar. Mas você dramatiza o problema: começa a imaginar as conseqüências da demissão. Quando se dá conta, está pensando que nunca mais conseguirá um emprego, vê-se diante da necessidade de vender sua casa para pagar as dívidas e sofre com a idéia de ver os filhos passarem fome.

Você perdeu completamente a noção da realidade. Está entrando num plano imaginário e perigoso.

Sua esposa comenta com você que não tem um orgasmo há meses. Esse é um problema real que precisa ser resolvido. Mas ficar imaginando que ela tem um amante e por isso não tem mais prazer com você, sofrer com a idéia de separação, pensar que ela pode até ir morar em outro país e afastá-lo dos filhos é atormentar-se inutilmente. É criar uma dimensão muito superior para a sua dificuldade, que só atrapalhará a resolução do problema verdadeiro.

Um atacante de futebol que não está marcando os gols de costume tem um problema real e precisa resolvê-lo. A solução é treinar mais a pontaria, conversar com o técnico sobre a tática da equipe, fazer uma avaliação de seu preparo físico e pedir aos colegas que lhe passem a bola em condições melhores.

O problema, porém, será muito mais difícil de resolver se ele começar a imaginar que nunca mais fará os gols que fazia, sofrer com a idéia de ser dispensado do clube, angustiar-se com as prováveis críticas da imprensa e dos torcedores e pensar que nunca mais assinará um bom contrato.

Se algo assim acontecer com você, pare e pergunte-se: "Qual é meu verdadeiro problema?", "Até onde ele é real e em que ponto estou exagerando?"

Você já reparou que depois de resolver um problema ele sempre parece menor do que era no início? A razão disso é que a tendência natural é errar na proporção e imaginar o problema maior do que ele de fato é.

Portanto, saber separar o que é imaginário do que é real é fundamental para resolver um problema com eficácia. Mantenha sua capacidade de análise e afaste de sua cabeça as conseqüências catastróficas, que não se concretizarão e só servem para dar a impressão de que o problema é insolúvel.

Não alimente sentimentos negativos! Delimite o problema e organize-se para resolvê-lo. Tenho certeza de que você é uma pessoa com muita energia, mas não precisa aumentar o tamanho do seu problema para perceber como você é forte. Não perca tempo sofrendo com coisas que não existem.

Busque suporte

Muitas pessoas, quando têm de enfrentar grandes problemas, tendem a se isolar. Acham que concentrar-se unicamente na questão é a melhor maneira de solucioná-la e dispensam outros pontos de vista e idéias que poderiam ajudá-las a superar as dificuldades.

Outros procuram a ajuda de pessoas queridas, mas que não entendem do assunto em profundidade. Ter amigos por perto é sempre bom, e você deve procurá-los! Mas, quase sempre, a assistência de um profissional especializado é fundamental para encontrar rapidamente a solução. Portanto, escolha pessoas confiáveis e competentes para lhe dar suporte num momento de crise!

Seu cunhado pode gostar muito de você, mas ser um ignorante em direito. Em determinadas crises, somente um bom advogado tem condições de ajudá-lo; em outras, como as dificuldades de ordem organizacional, ouvir um consultor de empresas é fundamental.

Seja qual for o seu problema, é sempre bom encontrar alguém que o ajude a descobrir outra perspectiva da situação.

Às vezes você está exausto e frágil demais para conversar com os credores. Deixe que seu advogado cuide disso para você. Ele conhece seus direitos, não está emocionalmente envolvido e com certeza conseguirá um acordo melhor.

Boas decisões se baseiam em bom senso e em boas informações. Já que manter o bom senso em época de crise é complicado, pelo menos melhore a qualidade de suas informações.

Crie um plano de ação

No meio de uma dificuldade, o primeiro impulso é agir sem pensar. Infelizmente, muitas pessoas fazem a primeira coisa que lhes vem à cabeça e, sem querer, pioram a situação.

É o caso da pessoa cujo cônjuge saiu de casa, e ela, tomada de ódio, coloca os filhos no meio da confusão, envolvendo as crianças num problema que deveria ser discutido e resolvido, em princípio, somente pelo casal. Essa atitude intempestiva, além de não ser ética, causará problemas maiores adiante.

Outro exemplo típico é o do empresário que descobre uma fraude na empresa, tira as próprias conclusões e acusa alguém sem provas ou cria um clima de desconfiança ao implementar, de uma hora para outra, medidas drásticas de controle das informações e das pessoas. Destrói completamente o ambiente organizacional em vez de se concentrar na origem do problema e buscar o responsável.

Não reaja simplesmente! Soluções baseadas na emoção em geral criam mais problemas no futuro. Emoção sem razão é como uma flecha sem direção!

Se você perceber que está em dificuldades, pare para pensar antes de tomar qualquer decisão. Não aceite a primeira idéia que lhe vem à cabeça. Normalmente, trata-se de uma saída superficial e perigosa.

Minha sugestão é de que você coloque no papel suas reflexões. Escrever ajuda a manter as idéias sob controle e evita que você mergulhe em pensamentos confusos que podem levá-lo a uma explosão emocional. Ao esquematizar a situação no papel, você adquire o distanciamento necessário para encontrar a melhor saída.

Sobre o que deve refletir? Primeiro: qual é, de verdade, o seu problema. Segundo: quais são as causas reais desse problema e suas conseqüências. Terceiro: quais são as suas opções para solucioná-lo. Quarto: quais são as conseqüências de cada opção que você tem. Quinto: com base nessa análise, você deve desenhar um plano de ação.

É muito mais fácil chegar ao seu destino se você tiver um mapa. O seu plano de ação é um mapa para orientar os seus próximos passos.

Mãos à obra!

Por mais dolorida que seja a situação e por mais cansado e frágil que você esteja, não tem outra saída senão agir!

É preciso trabalhar arduamente até resolver a situação. Para isso, é fundamental:

- Ter paciência para fazer as coisas chatas, até porque, em geral, deixar de fazer as coisas chatas é que origina os problemas.
- Ter coragem para tomar decisões que podem incomodar os outros. Muitas vezes as pessoas sabem a solução, mas não agem por medo de criar constrangimentos.
- Ter clareza mental para agir na hora certa, sem se deixar levar pela vontade de ver o problema resolvido rapidamente.
- Ter muita disciplina para resolver cada detalhe. O céu e o inferno estão nos detalhes! As pessoas caem por escorregar em pedras pequenas.
- Ter sabedoria para dominar o estado emocional. Impulsividade é coisa de amador!
- E, por fim, acreditar que essa é uma situação transitória e que você tem todas as condições de superá-la e de aprender uma boa lição.

dramas reais

Capítulo 9

A pessoa que vive um drama de verdade geralmente não dramatiza a situação. Sua dor é tão cruel que ela tende, pelo contrário, a cair em depressão.

Infelizmente, a maioria das pessoas que fazem drama são aquelas que têm problemas imaginários! Como seus problemas não existem na realidade, elas têm energia suficiente para criar um estado de agitação em torno delas.

Em resumo: quando você vê uma pessoa agitada, reclamando muito de seus problemas, com freqüência esses problemas têm de ser tratados no contexto psicológico.

Quem perdeu um filho, quem perdeu a saúde, quem tem de aceitar que alguém querido traz um problema físico permanente, na maioria das vezes, mergulha em um processo de dor silencioso, no qual a lembrança do passado e a perda de expectativa de futuro consomem sua alma.

O desespero de ter de aceitar a ausência eterna de um filho querido muitas vezes leva a uma apatia profunda. O drama de ser chamado ao hospital porque o pai teve um problema e ao chegar lá receber a notícia de que ele nunca mais estará presente no almoço dos domingos pode provocar um choque irremediável na alma.

Deve ficar muito claro, porém, que os dramas são a minoria absoluta dos problemas. Extrapolando, podemos imaginar que eles correspondam a menos de 0,001% de todos os problemas que as pessoas são obrigadas a enfrentar.

Sendo assim, **se você não tem um drama de verdade, não faça drama, por favor!**

Um drama real está sempre associado a uma perda irreversível. Bem diferente dos problemas imaginários, nos quais a pessoa sofre ante a perspectiva de que possa vir a ocorrer uma perda (que em geral nunca acontece), e dos problemas concretos, nos quais ocorre a perda, mas ela é temporária.

Explicando melhor: nos problemas imaginários, a perda é também imaginária. Você tem medo de que sua filha não volte para casa no sábado à noite. Essa perda imaginária termina quando você ouve o barulho da chave dela na fechadura. Nos problemas concretos, a perda é temporária.

Por pior que seja perder a casa num incêndio, sempre existe a possibilidade de ter outra casa muito melhor no futuro.

O locutor Osmar Santos sofreu um drama real na sua vida: um acidente de carro lhe causou uma lesão cerebral grave. A partir desse momento, todo o seu projeto de vida teve de ser reformulado, e ele precisou encontrar uma nova maneira de viver. Esse é um drama real.

O cientista inglês Stephen Hawking tem uma doença neuromotora grave que o obriga a passar a vida em uma cadeira de rodas, e cresceu buscando uma forma de superar as limitações da doença. Esse é um drama real.

A causa do drama real está sempre fora do controle de quem é atingido por ele. E, como a perda é definitiva, com freqüência toda a família tem de passar por uma reestruturação.

Não há escolha para quem vive um drama real a não ser tentar sair desse mar de sofrimento com uma nova percepção do que é a vida!

Nesses casos a pessoa terá de criar novo sentido para sua existência.

Há quem procure o sentido da vida como se ele fosse um produto à venda nos supermercados, algo pasteurizado que servisse a todo mundo. Outros buscam o sentido da vida como se ele fosse um tesouro escondido em um lugar misterioso.

Isso é bobagem! A pessoa acha o sentido da vida a partir do momento em que descobre sua missão no mundo. O sentido da vida aparece a partir do momento em que nosso herói enfrenta uma tragédia que exige dele competências sobre-humanas para superá-la.

Na maioria dos filmes de sucesso, há sempre um personagem comum lutando para vencer um adversário poderoso, como a madrasta da *Gata Borralheira*, a bruxa da *Bela Adormecida* e o xerife malvado de *Robin Hood*.

Por mais que durante o filme o espectador se sinta revoltado ou triste com os problemas do protagonista, é a disputa entre o mocinho e o vilão que torna a história fascinante. Sabe por quê? Um drama traz sempre dentro de si a oportunidade de o protagonista se revelar um herói. O drama mobiliza a força interior de modo que o herói possa resgatar sua alma ao superar o desafio.

Lembre-se dos filmes de que você mais gostou. Com exceção das comédias românticas, certamente aquilo que fez com que você gostasse do filme foi o fato de o herói ter superado um obstáculo quase intransponível e, a partir dessa superação, ter se tornado um ser melhor.

É o que em dramaturgia se chama de "trajetória do herói". Quase todos os bons filmes estão assentados no princípio da pessoa que tem de superar diversos obstáculos e nesse caminho passa por uma transformação.

E o que é a vida senão um grande espetáculo em que cada um tem seu papel e deve seguir o roteiro que lhe foi dado pelo "grande diretor do universo"?

Portanto, se você estiver vivendo um drama, a única saída será buscar dentro da alma toda a força que talvez você não saiba que tem para poder completar sua trajetória do herói.

Quando vejo determinados dramas que acontecem na vida das pessoas, eu, sinceramente, não consigo entender sua lógica. Mas imagino que Deus tenha uma lógica muito própria para permitir que esses fatos aconteçam. Lógica essa que a minha limitação de ser humano não consegue alcançar.

O que eu sei é que, mesmo sem entender, temos de buscar a força interior que nos ajude a suportar e, se possível, crescer com essas experiências, por mais dramáticas que sejam!

Essa talvez seja mais uma diferença entre problemas e dramas. Nos problemas concretos, encontramos a lógica. Você não passou de ano. Deveria ter estudado mais, se concentrado mais, mantido a determinação, por isso não conseguiu. Não só compreende a lógica como é capaz de esboçar um novo projeto para atingir sua meta.

Em um drama real, quem procurar a resposta para a pergunta "meu Deus, por que isso aconteceu comigo?" vai encontrar apenas o vazio.

Como não há resposta que justifique os dramas de cada um, a pessoa tem dois caminhos a seguir: o da sabedoria e o da amargura.

Infelizmente, muitas pessoas escolhem o caminho da amargura. Tornam-se revoltadas e inconformadas. Não percebem que esse caminho traz apenas angústia e desespero.

Acredite, o único caminho que leva o indivíduo a encontrar a felicidade, apesar da dor, é o da fé. Somente quando a pessoa acredita em algo maior do que ela é que há a possibilidade de encontrar o herói que existe em sua alma. Enquanto a pessoa se entregar a uma posição de vítima do destino, sua vida será de profunda escuridão.

soluções para superar
um drama real

Capítulo 10

Recomeçar. Essa é a decisão mais importante que alguém que está vivendo um drama real precisa tomar. O poder da superação está ao alcance de todos e precisa ser regado com boas doses de fé e sabedoria. O recomeço é o novo caminho, e pequenas atitudes e gestos nos ajudarão a semear novas flores nessa trilha cheia de pedras.

Para que o drama faça parte do passado, devemos criar condições para a sua superação. Vamos então ao processo de como conseguir isso...

Mantenha a força interior

Sempre fui fã do iatista Lars Grael, mas depois do seu acidente passei a admirá-lo muito mais. Antigamente eu o admirava pelas performances de atleta, porém depois do seu drama pude reconhecer nele um verdadeiro guerreiro.

Em seu livro *A saga de um campeão*, fica claro como foi difícil reorganizar a vida depois do acidente em que perdeu a perna. Mas, a julgar por suas realizações, vemos quanto ele cresceu com o drama que enfrentou.

Sempre que você vir que alguém superou um drama, não se iluda achando que foi fácil! Tenha certeza de que muitas dúvidas o torturaram, muitas noites de insônia se passaram, muitas lágrimas silenciosas rolaram por seu travesseiro.

Tudo isso deve ter acontecido com Lars Grael também. A única diferença é que, apesar da dor, ele conseguiu encontrar a força necessária para manter a chama da vida acesa.

Há mais de trinta anos, eu tive a oportunidade de trabalhar com mulheres que haviam se submetido à cirurgia de retirada do seio por causa de um câncer. Nesse tempo, a cirurgia plástica não era nem sombra do que é hoje. A retirada do seio era algo extremamente traumático. Além do câncer, a mulher tinha de superar a perda estética e todas as dificuldades daí decorrentes.

Por isso, infelizmente, muitas pacientes, em vez de agradecer por ter sobrevivido, mergulhavam no desespero por causa da perda do seio. Meu trabalho e o de outros profissionais, então, era ajudá-las a resgatar a força interior, fazendo com que aceitassem a nova condição, e tentar convencê-las de que elas poderiam renascer daquele drama.

E era muito lindo quando víamos uma delas trocar a dor estampada no rosto por um sorriso. Era muito gratificante quando as encontrávamos fortalecidas depois de decidir fazer a cirurgia de reconstrução do seio.

Quando um drama acontece, por mais que a pessoa esteja preparada para qualquer desafio, é inevitável que se sinta arrasada durante algum tempo. É praticamente impossível que o desespero não tome conta do seu coração!

Sem dúvida, o primeiro passo para reconstruir a vida é resgatar a força interior e ter fé na construção de um novo futuro. É preciso ter coragem para pensar: "Eu perdi meu seio, mas não perdi minha vida e vou aproveitar essa chance para não desperdiçá-la com lamentações".

Algo milagroso acontece quando alguém decide: "Eu perdi meu filho por causa da Aids, mas vou lutar para ajudar outras mães a não sofrer o que eu sofri".

Chore sua dor quanto tiver vontade, mas aproveite esse pranto para limpar sua alma de toda a revolta. E procure, no momento seguinte, celebrar a vida que continua!

Não sufoque a dor da perda de um filho, mas assim que puder olhe para seus outros filhos e pense em quanto eles precisam de você e em quantas alegrias podem construir juntos.

Sei que não é fácil! Mas é a única opção que você terá se quiser levar uma vida feliz apesar do seu drama!

Aceite a nova realidade

Um drama é sempre um corte em um plano de vida. Você tinha tudo organizado mentalmente e aí a vida vem e tira algo que você já imaginava seu. Bem, por mais que seja doloroso, é hora de dar adeus àquele projeto de vida e aceitar essa nova realidade.

Você tinha planos para que seu filho fosse um grande gênio, um livre-docente de uma universidade internacional, e de repente você descobre que ele tem síndrome de Down. Em vez de acompanhá-lo na escola, você terá de acompanhá-lo nas sessões de fisioterapia. Em vez de levá-lo à aula de tênis, você terá de ir com ele às sessões de fonoaudiologia.

Se você lutou como podia para manter seu projeto de vida intacto e descobriu que isso não é possível, tem de encontrar um novo sentido para a sua existência e talvez desenvolver um novo ideal de felicidade.

O que eu observo em vários pais que têm filhos com síndrome de Down é que apenas alguns amam e curtem seus filhos com alegria. Os outros ficam amargurados. Parece que o pai olha para a mãe com um eterno ar de acusação, como se pensasse: "A culpa é sua. Foi alguma coisa que você fez de errado que fez o meu filho vir com problemas". Esse pai trata o filho com indiferença porque no fundo não consegue vê-lo como seu filho.

Há ainda aqueles que mergulham na depressão. São

pais que se sentem culpados pelo fato de o filho não ter vindo ao mundo do jeito esperado. Posturas como essas transformam a vida dos pais em um inferno permanente e jogam uma carga de rejeição insuportável nos ombros dos filhos.

A única solução possível para poder crescer e cultivar a alegria no coração é encarar o futuro com fé e serenidade!

Abra seus olhos para um novo encontro, que pode ser muito mais pleno. Um novo encontro com seu filho, um encontro com a nova pessoa que você será e, principalmente, um encontro com o seu novo estilo de vida. Somente as pessoas abertas para os mistérios da vida poderão saboreá-la de verdade.

Transforme-se interiormente

Quando passa por um drama, o ser humano tem a tendência natural de se agarrar ao projeto de vida que tinha e tentar resgatá-lo a todo custo.

A menos que uma morte tenha ocorrido, todos os recursos são mobilizados para resgatar o que se perdeu.

O pai de uma criança especial vai buscar todo tipo de tratamento disponível na esperança de resgatar a integridade física e mental do filho com que ele sonhou; a bailarina que perdeu os movimentos vai usar todos os métodos possíveis para recuperar a capacidade de dançar. Chega a hora, porém, em que todos os recursos se esgotam.

Nesse momento, o desespero é tão grande que todos os envolvidos no drama partem em busca de um milagre.

No entanto, **poucos percebem que o grande milagre acontece quando as pessoas conseguem dar início à transformação interior.**

O milagre, para o pai cujo filho tem síndrome de Down, acontece quando ele estende os braços para o filho e começa a amá-lo do jeito que ele é, do fundo do coração.

Para a bailarina, o milagre é voltar a amar a vida e sorrir com as pequenas coisas do cotidiano, mesmo que não possa mais subir a um palco.

A flor de lótus é muito admirada na Índia porque é lindíssima e cresce no meio do lodo. Siga o exemplo dela. Não deixe de crescer mesmo que você esteja preso a um drama penoso.

É maravilhoso ver trabalhos como o de Lucinha Araújo, que depois da perda do filho, o cantor Cazuza, dedica-se de corpo e alma a auxiliar os portadores do vírus da Aids. Esse é o verdadeiro milagre da vida! Da vida que persiste e triunfa mesmo em meio aos maiores sofrimentos!

Intensifique sua espiritualidade

O melhor alimento para a alma de quem está vivendo um drama é a oração. Por meio da oração é possível atingir uma compreensão melhor da vida e uma aceitação maior da própria cruz.

Resgatar a conexão com o divino é a única maneira de se manter acima da dor que o mundo lhe impõe. Somente com fé no coração é possível suportar a dor com resignação.

Nos momentos difíceis por que passei, a leitura da *Bíblia*, em especial do "Livro de Jó" e do "Eclesiastes", me inspirou muito a superar minhas dores. **Esses textos são sabedoria pura.** Acalentam o coração mais sofrido que pode existir e acendem uma luz no meio da escuridão, por mais tenebroso que seja o caminho que você está percorrendo.

Não importa qual é a sua religião nem qual é o seu Deus (porque na verdade existe apenas um único Deus), o importante é que você tenha um Deus a quem possa, humildemente, pedir orientações e bênçãos.

Peça tudo o que você tiver vontade, porque quem pede alcança. É muito importante que, nos momentos mais sombrios do seu drama, você tenha um Deus com quem possa conversar e em quem possa depositar sua angústia e sua esperança!

christopher reeve,
o verdadeiro super-homem

Capítulo 11

Muitas vezes, a vida nos prega peças terríveis e nos obriga a procurar um significado para as tragédias. As pessoas especiais aparecem quando se mostram mais fortes e superiores às adversidades impostas pelo destino.

Christopher Reeve, o ator que representou o inesquecível Super-Homem nos filmes de Hollywood, é um exemplo vivo de força e superação das dificuldades mais atrozes. Sua dignidade e sua coragem são admiradas por todos que acompanham sua história, tão fascinante quanto dramática.

Como todos sabem, o ator ficou tetraplégico após uma queda de cavalo em 1995. O destino parece tê-lo escolhido a dedo de modo a atingi-lo com ironia e maldade. Logo ele, que representou nas telas do mundo inteiro o ideal de supremacia e invencibilidade.

Reeve protagonizou o sonho de força e beleza de milhares de pessoas em todo o mundo. Ao Super-Homem cabia resguardar a vida e a integridade dos habitantes do planeta, sem importar se o inimigo vinha na forma do quase imbatível e famigerado Lex Lutor ou por meio de catástrofes naturais de toda espécie, como maremotos e terremotos.

Ele expulsou para galáxias distantes malfeitores vingativos do seu planeta de origem, Krypton, e ainda arranjava tempo para paquerar (com reciprocidade absoluta) a competente Lois Lane, uma mulher inteligente, bonita, charmosa, bem-sucedida e independente. Perfeita para o Super-Homem.

A criptonita, única fraqueza do personagem nas telas, transfigurou-se, na vida real, numa lesão irreversível na coluna. Em sua autobiografia, intitulada *Still me* (Ainda eu), Reeve divulga detalhes dolorosos dos momentos que sucederam ao acidente.

O livro conta que a própria mãe do ator sugeriu à equipe médica que desligasse os aparelhos que o mantinham respirando, tal era o sofrimento vivenciado por ele. O ator narra também que a grande força para lutar pela sobrevivência veio do apoio incondicional de sua esposa e da lembrança de seus filhos.

Hoje, com mais de 50 anos, Reeve é um exemplo não só para os portadores de deficiência de todo o mundo, mas também para a maioria das pessoas que têm por hábito reclamar da vida a todo instante.

Ao contrário do esperado, Reeve mantém suas atividades profissionais a todo o vapor, com agenda sempre lotada. Escreveu a autobiografia, dirigiu o elogiado filme *In the gloaming* (Ao anoitecer), produzido para a HBO, deixou sua marca na disputada calçada da fama, atuou na refilmagem do clássico *Janela indiscreta*, de Alfred Hitchcock, e ainda lidera numerosas campanhas de arrecadação de fundos para pesquisas relacionadas às lesões de coluna.

É como se Reeve tivesse criado outro personagem, com nova forma de agir e, principalmente, nova maneira de viver.

Tenho certeza de que por trás dessas vitórias há muito sangue, suor e lágrimas. Para mim, o verdadeiro Super-Homem é Christopher Reeve, e não o jornalista Clark Kent. Pessoas como ele mostram a força do ser humano de suplantar todas as limitações e previsões negativas.

Recentemente, Reeve passou por uma cirurgia sofisticada e experimental que lhe permitiu voltar a respirar sem a necessidade de aparelhos. Em uma de suas primeiras entrevistas após a operação, o ator disse ter se emocionado ao sentir novamente o cheiro de café depois de tanto tempo.

Com essa declaração, o super-homem parece querer mandar ao mundo um recado significativo – a felicidade pode ser encontrada nas coisas mais simples da vida, e devemos desfrutar essas pequenas felicidades todos os dias, e não esperar que um drama se abata sobre nós para só então valorizá-las.

tenha sonhos grandes!

Capítulo 12

Quero agora tocar num tema fundamental para a sua felicidade: a necessidade de trabalhar para criar condições de que todas as pessoas sejam felizes.

É complicado ser feliz em um mundo infeliz.

Muitas pessoas realizam uma série de sonhos, ficam ricas e constroem uma família bonita, mas percebem que ainda está faltando algo. Elas descobrem que todas as suas realizações criaram um vazio em sua vida. Depois de muita luta, percebem que construíram um lindo oásis no meio de um deserto e agora não têm aonde ir.

Vamos construir a nossa felicidade em um paraíso... Perceba que só é possível ser feliz criando a felicidade para muitas outras pessoas. E somente vamos conseguir isso se as incluirmos em nossos sonhos.

Eu acredito que é preciso ter sonhos realmente grandes. Sonhos pequenos não motivam de verdade. É bonito quando uma pessoa trabalha para ter a casa própria, mas isso ainda é muito pouco. É ótimo lutar para ajudar o filho a se formar, mas nós somos capazes de muito mais.

Vamos unir as nossas forças para criar um mundo cheio de justiça e de amor!

Talvez neste instante você queira me perguntar: "Mas, Roberto, se eu não consigo nem arrumar um emprego para mim, como vou poder participar da criação de um planeta cheio de justiça?", "Roberto, se eu não consigo nem fazer o amor reinar na minha família, como vou criar cooperação em nosso mundo?" ou "Roberto, se minha casa está cheia de problemas, como vou ajudar a resolver os problemas da humanidade?"

Pois bem, na verdade quem se sente capaz de participar da criação de um planeta digno da raça humana tem energia de sobra para cuidar dos assuntos pessoais. Se você presenciar a luta pela vida de uma pessoa com câncer, não conseguirá ficar em casa reclamando da vida. Se assistir à luta para evoluir de uma criança com paralisia infantil na Apae, sentirá uma força muito maior para fechar seus negócios. Quando sentem a sua força interior, as pessoas se dão conta de que têm energia para superar qualquer desafio.

As pessoas sempre me perguntam qual é o meu maior sonho. **Tenho alguns sonhos, mas o maior sonho da minha vida é ajudar o Brasil a descobrir que nós somos um país de campeões!** É um sonho até simples de realizar porque tenho certeza de que nosso país conta com muitas pessoas de fibra que acalentam o mesmo sonho e, principalmente, porque temos um povo maravilhoso, capaz de virar o jogo.

Tenho certeza absoluta de que não morro sem ver meu sonho realizado. E é o comprometimento com esse sonho que me dá energia para lutar por todos os meus projetos.

Muitas pessoas me perguntam onde arrumo energia para escrever tantos livros e artigos, tocar os negócios, fazer palestras em muitas cidades pelo país afora e ainda conseguir tempo para me dedicar aos meus projetos sociais. A resposta é simples: minha energia vem da minha paixão por ajudar o nosso povo a ser mais feliz.

Sempre me perguntam a que horas escrevo os meus livros. A resposta é simples: meus livros são escritos de madrugada, depois que a minha família foi dormir ou depois das palestras, num quarto de hotel. E sabe o que eu faço para ficar acordado? Não tomo café, nem pó de guaraná, nem ginseng. Simplesmente penso em quantas pessoas vou ajudar com o meu livro, e pensar desse jeito afasta o sono e o cansaço de mim.

Vamos construir esse sonho juntos!!!

Eu ficaria imensamente feliz se este livro que você tem nas mãos o motivasse a se engajar num projeto social. Eu adoraria que você descobrisse que abrir o coração é muito mais que aprender a amar seus filhos, é aprender a amar os filhos de todos os pais do planeta. Eu ficaria muito satisfeito em saber que este livro de alguma forma o ajudou a entender que não basta amar seu irmão, é preciso amar toda a humanidade.

Infelizmente, muita gente ainda vive alienada, pensando que os problemas da nossa sociedade não afetam a vida de todos nós. São pessoas que negam sua parcela de responsabilidade pela existência de tantas injustiças. Outros ficam deprimidos ou reagem com irritação diante dos problemas sociais, mas de concreto nada fazem. Quanto mais se alienam, mais os problemas vão crescendo.

Precisamos ter isto muito claro: uma sociedade injusta é uma fábrica gigante de problemas!

Alguns de vocês sabem que eu tive uma infância muito pobre. A nossa situação era tão difícil que muitas vezes, certamente com o coração sangrando, minha mãe tinha de pedir a um de nós: "Não coma mais batata, pois seu pai ainda não almoçou". Não é que faltasse torta de morango ou musse de maracujá! Faltava o alimento básico para que uma criança se levantasse da mesa totalmente satisfeita.

E, tendo vivido essa experiência, quero lhe dizer: a pobreza não tem nada de poesia. Na pobreza há muita dor e sofrimento.

Um pai que não consegue alimentar a família apesar de trabalhar arduamente vai desistir de sonhar. Uma pessoa que não consegue emprego não vai poder manter os seus sonhos vivos. Uma criança que vê os pais sair todo dia para trabalhar e mesmo assim percebe que eles não têm dinheiro para as necessidades básicas da casa vai deixar de acreditar no trabalho. Um idoso que tenha trabalhado a vida inteira e chega à velhice sem ter o que comer dificilmente vai ensinar às novas gerações a importância do trabalho.

Se nós ficarmos contemplando passivamente esse estado de coisas, sem procurar alterá-lo, estaremos ajudando a construir uma bomba-relógio que vai explodir em nosso colo. Aliás, muitas bombas estão explodindo em nosso redor sem que a maioria perceba que algo de concreto precisa ser feito para desarmá-las.

Sabe qual é o maior problema do nosso país hoje? Nosso povo parou de sonhar! E eu gostaria que você soubesse que fazer essas pessoas voltarem a sonhar é uma missão sua e minha.

Se o nosso povo voltar a sonhar, os pais vão sair de casa para trabalhar com esperança no coração e as crianças voltarão a admirar seus pais e deixarão de idolatrar os poderosos traficantes das favelas.

Se o nosso povo voltar a sonhar, poderemos celebrar a vitória de morar num país onde o ser humano vive como se deve viver.

As desgraças da nossa sociedade, que entram em nossa casa pelo aparelho de televisão, são um alerta desesperado de que precisamos assumir a responsabilidade por esses problemas.

Reclamamos da polícia, acusamos o governo, colocamos mais grades em redor de nossas casas, mas não entendemos que esses problemas só serão resolvidos quando nos envolvermos apaixonadamente na busca das soluções.

Os problemas da nossa sociedade não vão ser resolvidos por decreto nem com armas, e sim com o compromisso de todos em ações solidárias. Ajudar as pessoas a acreditar no próximo não é um trabalho importante apenas para deixá-lo em dia com seu espírito de solidariedade. Trata-se, na verdade, de alimentar a sensação de pertencer à raça humana. Eu me recuso a imaginar que nós viemos ao planeta Terra apenas para juntar o maior número de bens possível.

Muita gente me pergunta qual é o melhor remédio para a depressão. Sem dúvida, o que funciona melhor nesses casos é ajudar em uma enfermaria de crianças aidéticas ou com câncer. E não falo de ajudar apenas financeiramente. Dê dinheiro, sim, porque essas crianças também precisam de apoio material, porém o mais importante é ajudar a cuidar delas. É ir até lá e ver uma criança que nunca fez mal a ninguém sofrer com a sua doença e às vezes com o próprio tratamento.

Você vai ver que ao lhe dar uma colher de papinha ganhará um sorriso de volta. Depois de ter ido lá algumas vezes, você vai sentir a alegria de ter feito alguém feliz. Depois de cuidar dessas crianças, você vai sair de lá olhando para o céu e pedindo perdão a Deus por ter reclamado tanto da vida.

A melhor maneira de nos sentirmos ricos é doar. Precisamos abrir os olhos para ver o que acontece em redor, para ver o mundo e nos sentirmos encorajados a ajudar nossos semelhantes.

É preciso que cada um faça sua parte. Será que você tem feito a sua?

Não estou falando de assistencialismo. Como diz Milú Villela, presidente do Faça Parte Brasil Voluntário, **as pessoas não precisam de caridade, e sim de oportunidade.**

Esse povo maravilhoso não precisa da esmola de ninguém para mostrar que, se tiver a oportunidade de se alimentar e de estudar, poderá ajudar a criar o país que todos nós merecemos.

Eu acredito em nosso país porque acredito em nosso povo. Sei que o desafio é imenso, mas os verdadeiros campeões são aqueles que enfrentam seus problemas, sejam eles de que tamanho forem.

Eu acredito em nosso país porque vejo muitas pessoas comprometidas com o nosso povo.

Se você já participa de um projeto social, quero lhe dar os parabéns por isso.

Se você ainda não trabalha em um projeto social, talvez seja hora de lembrar que tem dentro de si um poder muito maior do que imagina. Dentro de você existe a capacidade de transformar o mundo. Você tem a força para ser a solução na vida de muitas pessoas.

A solução para seus problemas está dentro de você.

A solução para os problemas do nosso país está dentro de cada um de nós.

Se nós acreditarmos, acontecerá!

as estrelas brilham na escuridão

Conclusão

Nos momentos de desespero, desânimo e depressão é que as estrelas lançam sua luz nas trevas e orientam nosso caminho. As lâmpadas precisam de energia externa para manter seu brilho, mas as estrelas têm luz própria.

Certa noite passei por uma experiência com um mestre zen-budista no Japão que tem orientado minha vida há muitos anos e gostaria de compartilhá-la agora com você.

Conversar com os mestres não é algo muito simples. Com freqüência, eles falam por metáforas, têm um inglês lastimável e seu sotaque atrapalha ainda mais a compreensão. E o pior, na verdade, é que as idéias deles são, na maioria, deslocadas do contexto do diálogo para levar o discípulo a pensar nelas com mais cuidado.

Naquela noite, durante nosso encontro, eu estava muito distraído. Lembro que deixei de escutá-lo quando começou a cair uma intensa tempestade. Fiquei preocupado com o fato de ter de caminhar debaixo de chuva até a estação de Kita Kamakura, onde eu pegaria o *Shikansen* (o trem-bala) com destino a Tóquio. Lá fora, o barulho da tempestade, no gélido inverno japonês, me perturbava intensamente.

Só despertei desse distanciamento momentâneo quando o mestre me ofereceu uma capa de chuva e se despediu dizendo: "As estrelas brilham na escuridão!" Mas confesso que fiquei muito mais preocupado com a chuva que teria de enfrentar do que com a mensagem que acabara de receber.

Durante o percurso, a chuva e o frio me incomodaram bastante e, inicialmente, só refleti na frase do mestre para desqualificá-la. "O sol é uma estrela e brilha na claridade do dia", pensei. Depois disso, porém, a frase ficou latejando em minha mente até o momento em que adormeci no calor do quarto.

No dia seguinte, na aula do meu curso de Administração de Empresas na AOTS, o tema foi a crise econômica japonesa e os caminhos para superá-la. O professor falou da importância de não se iludir com soluções fáceis, como demissão em massa e ruptura de projetos com parceiros de longa data. E também da necessidade de manter os valores para vencer as tempestades que costumam desabar sobre as empresas. Para ele, superar crises tratando as pessoas como objetos descartáveis era algo desprezível e a solução buscada deveria preservar o respeito e a união das pessoas em torno de seus objetivos.

"A empresa deve estar unida nos tempos de incerteza. O indivíduo deve manter seus valores mesmo que os resultados não sejam os desejados. Temos de ter fé em que, apesar dos problemas que estamos enfrentando, logo mais as vitórias aparecerão e não vamos nos arrepender por ter mantido nossos princípios", disse o professor.

Ao deixar a aula, comecei a pensar nas palavras do mestre e do professor e percebi que elas se referiam ao mesmo tema: é nos momentos de desespero que as grandes pessoas se revelam. É nas grandes derrotas que reconhecemos os grandes campeões. É nas grandes tragédias que vemos quem são os verdadeiros líderes. É exatamente nos momentos de escuridão infinita que descobrimos quem tem luz própria.

As melhores vitórias da vida são construídas mantendo-se a presença de espírito em situações caóticas. **A grande força da alma reside na capacidade de conservar a dignidade mesmo quando todos em sua volta o caluniam.** As grandes conquistas acontecem quando alguém consegue manter a calma no meio do desespero geral. O segredo dos heróis consiste em uma série de ações construídas nos momentos em que as luzes não estão brilhando sobre eles.

Lembrei-me de grandes superações de atletas que só foram possíveis por causa da paciência e da determinação deles de fazer o tratamento em uma sala de fisioterapia, longe dos holofotes da imprensa.

Pensei em quantas pessoas superavam seus dramas chorando no ombro da família no meio da madrugada.

Lembrei-me de quantos amigos reconstruíram seus negócios depois de perdas catastróficas, elaborando seus projetos sem a bajulação dos tempos de sucesso.

Percebi que a solidez dos valores é mais importante que as vitórias, porque tanto estas como as derrotas são provisórias, mas quando a pessoa tem força no coração consegue superar as perdas e construir grandes conquistas na vida.

Desde esse dia, passei a valorizar muito mais o trabalho de bastidores. Quando vejo uma pessoa ser homenageada por suas conquistas, sempre imagino quais foram os fundamentos que construíram essa vitória e começo a refletir se esse sucesso tem consistência.

Sempre que vejo uma história de superação, penso no sofrimento que foi necessário para que essa conquista ocorresse. Pessoas que deram a volta por cima em seus dramas com toda a certeza passaram por muitos momentos de dor para superar as dificuldades. Certamente, em seu processo de transformação, houve ocasiões em que puderam contar apenas com a família e com um pequeno grupo de amigos.

Toda vez que escuto a voz do mestre em minha mente dizendo "Roberto, as estrelas brilham na escuridão!", penso que o sucesso permanente é construído com base em fundamentos sólidos. Penso que é na hora dos problemas que as pessoas revelam seu caráter.

Quando falamos de problemas e do poder de superação quero lhe pedir que pense nas dificuldades que você está enfrentando neste momento e analise suas decisões a esse respeito:

Você tem respeitado seus valores?

Você tem empregado toda a sua energia na resolução desse problema?

Você tem mantido sua alma focada na superação dessa dificuldade?

Nossos problemas não serão resolvidos com um currículo maravilhoso, sobrenome famoso ou fogos de artifício. Não adianta tomar atalhos para tentar encurtar o caminho da solução porque você terá de voltar para a estrada das verdades que criam uma vida com fundamento.

Existem muitos aspectos além dos títulos, do número de vendas e da histeria dos fãs que mantêm grandes carreiras no topo. Algo que não está escrito em nenhum manual, mas que o campeão tem dentro de si e aquece sua alma. Um trabalho que deve ser construído fora do alcance do olhar da multidão e dos aplausos efêmeros da glória. Realizado no silêncio e na escuridão para que se possa brilhar na vida.

As pessoas que admiramos cultivam hábitos especiais que fazem com que seu brilho nunca se apague. Vamos ver agora algumas dessas condutas...

As estrelas mantêm luz própria mesmo durante as crises

Os campeões sabem manter-se motivados quando parece que tudo em redor está desabando. Viktor Frankl observou que as pessoas que mantinham o moral elevado nos campos de concentração eram aquelas que não modificavam sua maneira de agir nem mesmo nas condições mais humilhantes. Apesar de os nazistas tratarem essas pessoas com desprezo e violência, elas conservavam uma atitude digna. Ainda que fosse para comer os restos de pão embolorados que recebiam, elas se sentavam como se estivessem comendo uma refeição digna.

Os campeões sabem que têm de fazer o certo mesmo quando os outros não se comportam com dignidade. Em seu livro sobre o sentido da vida, Frankl comenta a reação dos prisioneiros dos campos de concentração no dia da libertação. Ele conta que saiu com um colega cuja excitação por ter sobrevivido ao Holocausto era tão grande que ele começou a caminhar sobre um jardim, destruindo as plantas. Quando Frankl comentou que isso não era adequado, ele respondeu: "Acabei de sair de um campo de concentração e ninguém sabe o que eu passei". Ao que Frankl respondeu: "Amigo, seu sofrimento não lhe dá o direito de fazer ninguém sofrer. Elabore a sua dor e procure não fazer ninguém mais sofrer".

Não importa a dor que esteja vivendo neste instante, quero lhe lembrar que você é uma estrela. Por favor, mantenha seus valores mesmo que os outros estejam fazendo as maiores loucuras.

Às vezes uma mulher está sendo caluniada pelo ex-marido. Esse homem, no auge da dor da separação, despeja todo o ressentimento nos filhos. É admirável ver essa mãe conversando com as crianças e dizendo: "O pai de vocês está triste porque nosso casamento acabou. Por isso ele está falando essas coisas. Mas ele é uma pessoa muito legal, daqui a pouco isso vai passar e tudo vai ficar no passado".

As pessoas normais talvez caíssem na tentação de falar mal do pai e jogar mais lenha na fogueira, mas as pessoas especiais sabem que isso não vai resolver nada e conseguem manter o equilíbrio.

No meio das tempestades as estrelas sabem manter a motivação

Algumas atrizes se acomodam quando não são escaladas para nenhuma novela. Atletas no banco de reservas tendem a despreocupar-se do preparo físico e mental. Quando a oportunidade aparece, encontra-os distraídos. Aliás, sorte é quando a oportunidade o encontra preparado. Azar é exatamente quando a oportunidade o pega despreparado.

Campeão é aquele que mantém a concentração mesmo quando os resultados não são os esperados. Cria objetivos para si mesmo, olha para o futuro e não deixa que derrotas provisórias abalem sua fé na vitória.

É na fase de desemprego que o verdadeiro campeão prepara sua guinada definitiva. Em momentos de crise pessoal, o autêntico profissional analisa as novas oportunidades, revoluciona sua carreira e mergulha de cabeça numa nova decisão.

Existem crises em que a pessoa não escolhe entrar, mas ela deve saber que pode sempre escolher que atitude vai manter no meio da escuridão. Crises fazem parte da vida. É a atitude diante delas que determina que tipo de pessoa você é.

O tenista André Agassi estava perdendo por 2 a 0 na final de Roland Garros de 1999 quando virou o jogo e venceu por 3 *sets* a 2, sagrando-se campeão do torneio. Depois, na entrevista coletiva, ele fez o seguinte comentário: "O maior trabalho que tive durante a partida foi sair da minha distração. Os dois primeiros *sets* eu perdi para mim mesmo, para minha insegurança. Quando voltei a me concentrar no jogo, as coisas deram certo".

As estrelas fazem o que é correto mesmo que ninguém veja

Quando se trata de princípios, ninguém pode influenciar suas atitudes. Eu me lembro de um fato que aconteceu comigo na infância. Eu chamava um amigo por um apelido feio quando meu pai ouviu e veio conversar comigo. Então aleguei: "Pai, mas todo mundo o chama desse jeito..."

Imediatamente, meu pai se agachou e me disse, com carinho: "Filho, você não é todo mundo. Você é Roberto Shinyashiki, e o Roberto Shinyashiki não faz alguma coisa porque todo mundo faz. O Roberto Shinyashiki faz o que ele decide fazer. Filho, as condutas dos outros não servem como desculpa para algo que você faz".

É verdade, pai, isso que você me disse há tanto tempo ainda continua guardado cuidadosamente em meu coração e hoje procuro transmitir esse ensinamento aos meus filhos.

Muitas vezes, seu chefe é condescendente com os erros. Seus professores não valorizam um trabalho especial. Seus amigos não prestam atenção no fato de você estar fazendo uma faculdade aos 50 anos. Mesmo que ninguém esteja olhando, faça o que é certo. Mesmo que ninguém acompanhe seu trabalho, mantenha um padrão de excelência. Aprenda a dar o máximo simplesmente pelo prazer de se superar.

Lembre-se: **você é uma estrela, e nenhuma escuridão vai apagar a sua luz.** Pode ser que ninguém veja porque temporariamente uma nuvem apareceu no seu horizonte. Não importa, conserve seus valores, levante a cabeça, mantenha sua luz, resolva seus problemas e supere essa dificuldade porque seu lugar é no pódio.

Um ex-jogador de futebol que admiro é o Dario, o famoso Dadá Maravilha. Além dos gols e de seus vários títulos, ele coleciona frases muito espirituosas. Uma das frases de que eu mais gosto é sua resposta a um jornalista que lhe perguntou antes de uma partida: "Dario, na sua análise, qual é a problemática do jogo?"

Ao que ele, sorrindo, respondeu: "Meu amigo, não me importa qual é a problemática porque eu sou a solucionática".

É isso aí! Ele tem razão: não seja uma problemática na final do campeonato. Ser problema é muito fácil, qualquer incompetente pode ser. Olhe para si mesmo e perceba quantas coisas lindas você tem. Seja a solução para as dificuldades que aparecerem na sua vida.

As estrelas têm a "solucionática" para qualquer temporal!

Seja feliz enquanto resolve seus problemas!

Apesar de você estar passando por uma fase complicada em sua vida, não espere resolver todos os seus problemas para ser feliz. Mesmo no meio da maior tempestade do mundo, dedique algum tempo à reposição de energias. Sei que isso pode ser um pouco difícil porque a sua mente vai se concentrar totalmente na resolução do problema, mas tenha certeza de que tomar fôlego será fundamental para ter mais força de enfrentar essa adversidade.

É essencial arejar a cabeça quando estamos trabalhando. No meu processo de escrever um livro, às vezes não consigo criar um texto que transmita o que quero dizer. Quando o meu lado teimoso insiste em continuar mesmo sem concentração, o resultado é lastimável. Escrevo páginas e páginas e depois de tanto trabalho jogo tudo fora. Então o juízo volta e eu paro para ouvir uma música, brincar com as crianças, tomar um chá e quando volto ao computador o texto sai em alguns minutos. Se esse bloqueio surge em um processo relaxado como o de escrever um livro, sem prazo de entrega, imagine o que acontece com quem tem de lidar com a falência de sua empresa.

Por mais difícil que seja a situação, faça sempre alguma coisa para aquecer seu coração. Muitas pessoas pensam que devem brincar com os filhos porque eles estão sentindo a falta do pai. Pense de outra maneira. Perceba que você também está sentindo falta das crianças e que brincar com elas será muito bom para aquecer sua alma e lhe dar mais força para superar os obstáculos.

Olhe para os lados e procure no seu dia-a-dia os momentos que a vida lhe oferece para ser feliz, mesmo que essas oportunidades se apresentem na forma de algo simples como um pão quentinho com manteiga e um café com leite na padaria da esquina.

Talvez você tenha perdido o dinheiro que lhe dava condições de viajar na primeira classe para todos os lugares do mundo. Talvez você não tenha mais condições de jantar nos restaurantes sofisticados aos quais estava acostumado. Se estiver aberto para ser feliz, porém, certamente encontrará formas mais simples, mas não menos alegres, de curtir a vida.

Lembre-se de que as coisas mais importantes da vida são de graça: um abraço do seu filho, o olhar da pessoa amada, um beijo carinhoso do seu pai, o almoço caprichado da mãe. Tudo isso é de graça.

Muitas pessoas que perderam o dinheiro deixaram de lado as oportunidades de ser felizes por incapacidade de perceber que ainda continuavam muito ricas apesar da perda dos bens materiais.

Há muitos anos li um livro do pastor Norman Vincent que contava uma história lindíssima. Era mais ou menos assim:

Certa vez um homem desesperado procurou por ele e, num momento de extrema angústia, desabafou: "Estou desesperado, perdi tudo o que eu tinha!"

Ao que o pastor respondeu: "Impossível. Estou certo de que você tem os maiores tesouros existentes".

O homem, ainda mais desesperado, pensando não ter sido compreendido, retrucou: "Pode acreditar, eu perdi absolutamente tudo!"

Norman então olhou para ele, estendeu-lhe uma caneta e um pedaço de papel e disse: "Vamos analisar os seus tesouros. Você tem esposa?"

"Sim, tenho uma esposa adorada. Estamos juntos há trinta anos e ela sempre lutou comigo."

"Então escreva no seu papel: uma esposa. Você tem filhos?"

"Sim, tenho três filhos maravilhosos que me amam incondicionalmente."

"Você tem amigos?"

"Sim, tenho amigos com quem posso contar em qualquer situação."

"Integridade?"

"Sim, nunca fiz nada de que possa me envergonhar."

"Saúde?"

"Sim, tenho muita energia para lutar pelo que quero."

"Acredita em Deus?"

"Lógico, acredito que Deus me protege em todas as circunstâncias."

"Então leia sua lista e veja que você tem tudo de que um homem precisa para ser feliz. Você não perdeu tudo. Simplesmente perdeu o seu dinheiro, e isso é fácil reconquistar!"

Perceba você também que, apesar do que possa ter perdido, ainda possui os maiores tesouros com que alguém pode sonhar.

Mesmo diante dos maiores dramas, não desperdice a oportunidade de curtir o sorriso do seu filho, um abraço carinhoso da mulher amada, uma conversa com seu melhor amigo.

E, se nada disso estiver disponível neste momento – digamos que você esteja num país distante resolvendo alguma dificuldade –, vá curtir o pôr-do-sol, o céu estrelado ou uma noite de luar.

Se você estiver com insônia, tome um banho bem gostoso e veja o dia amanhecer. Lembre-se: todos os problemas têm solução! Mas algumas delas podem ser demoradas. Portanto, enquanto você resolve suas dificuldades, não deixe de viver.

Sua vocação é estar junto das estrelas, pois você é uma delas e a sua luz interior é mais intensa do que a luz de milhões de sóis reunidos. Esse problema que você está vivendo é simplesmente uma nuvem no seu caminho ao infinito. Acredite em você e tenha fé na sua vitória que, com toda a certeza, amanhã ela chegará. A fé é o melhor alimento dos campeões.

Ter fé é acreditar na vida mesmo quando tudo é adverso. Ninguém precisa de fé quando tudo está dando certo!

Ter fé é acreditar que a luz brilhará mesmo na escuridão mais tenebrosa. Ninguém precisa de fé quando o horizonte está totalmente aberto.

Ter fé é acreditar na sua capacidade mesmo no meio de uma sucessão de derrotas. Ninguém precisa de fé nas vitórias porque elas são a própria realização da fé que você teve quando começou um projeto.

Ter fé é acreditar que Deus está sempre ao seu lado mesmo nos momentos de maior angústia, pois o verdadeiro pai não é aquele que faz a prova para o filho, mas o que torce por suas conquistas.

Ter fé é fazer o seu sonho acontecer mesmo quando

todas as pessoas em sua volta não apostam um centavo em você.

Tenha fé em qualquer circunstância!

Acredite sempre na sua capacidade de virar o jogo e tenha certeza de que o universo nunca o abandonará.

E lembre-se: por pior que seja o dia de hoje, sempre existe um amanhã!

Com carinho,

Roberto Shinyashiki

Índia, verão de 2003.

bibliografia

Berne, Eric. *O que você diz depois de dizer olá?: A psicologia do destino.* São Paulo: Nobel, 1988.

_____. *Análise transacional em psicoterapia.* 2. ed. São Paulo: Summus Editorial.

_____. *Os jogos da vida.* Rio de Janeiro: Artenova, 1978.

Frankl, Viktor. *Psicoterapia e sentido da vida.* 3. ed. São Paulo: Quadrante.

_____.*Em busca de sentido: um psicólogo no campo de concentração.* 16. ed. São Leopoldo: Sinodal, 2002.

_____.*Dar sentido à vida: a logoterapia de Viktor Frankl.* Petrópolis: Vozes.

Grael, Lars. *A saga de um campeão.* São Paulo: Gente, 2001.

Karpman, Stephen. Script drama analisys. *Transaction Analisys Bulletin* 7,26 (1968): 39-43.

Luft, Lya. *O rio do meio.* São Paulo: Siciliano, 1996.

Osho. *Vida, amor, riso.* Vol. 1. 6. ed. São Paulo: Gente, 1996.

_____. *Ah, Isto!* São Paulo: Gente, 1999.

_____. *A sabedoria das areias.* Vols. 1, 2 e 3. São Paulo: Gente, 1999.

_____. *The goose is out.* Poona: Rebel Publishing House, 1982.

Rajneesh, Bhagwan Shree. *Only losers can win in this game.* Poona: Rajneesh Foundation, 1981.

Reeve, Christopher. *Still me.* New York: Ballantine Books, 1999.

Steiner, Claude. *Os papéis que vivemos na vida.* Rio de Janeiro: Artenova, 1976.

Contatos com o autor
robertoshinyashiki@editoragente.com.br
www.shinyashiki.com.br